学校では教えてくれない本当のアメリカの歴史 上

ハワード・ジン　R.ステフォフ＝編著　鳥見真生＝訳

1492—1901年

あすなろ書房

学校では教えてくれない本当のアメリカの歴史 ㊤

長いあいだ、『民衆のアメリカ史』の若い世代向けバージョンを待っていてくれた、すべての保護者と学校教師のみなさん、そして若い世代の諸君に本書をささげる。君たち若い世代がもてる才能を、世界をよりよくするために発揮してくれることを祈りながら。

『民衆のアメリカ史』の若い世代向けバージョンをつくるという企画を提案してくれたセブン・ストーリーズ・プレスのダン・サイモンと、あらゆる段階にわたり細やかに目配りして、この企画を進めてくれたセブン・ストーリーズ・プレスのテレサ・ノルに感謝する。

『民衆のアメリカ史』を若い世代向けに編集するという、むずかしい仕事を引き受けてくれたレベッカ・ステフォフには、とりわけ深い感謝をささげたい。

もくじ

はじめに

二五年前に『民衆のアメリカ史』（ＴＢＳブリタニカ）を出版して以来、全国の学校教師や保護者諸氏から、一〇代の少年少女にも読めるものを出してほしいといわれてきた。今回、セブン・ストーリーズ・プレスとレベッカ・ステフォフが、わたしの本を若い世代向けに編集する、という高潔な仕事を引き受けてくれることになり、とても喜んでいる。

長いあいだ、わたしはこんな質問を受けてきた。

「あなたの歴史書は、ふつうのアメリカ史とはひどくかけ離れているのに、若い世代に読ませていいと思うのか？」

「あなたの本を読んだ者は、自分の国に失望するだけではないのか？」

「政府のやり方をあんなに非難することは、はたして正しいのか？」

「クリストファー・コロンブスや第七代大統領アンドリュー・ジャクソン、第二六代大統領セオドア・ローズベルトといった、昔からの国民的英雄をこきおろすのはよいことなのか？」

「奴隷制や人種差別、インディアンへの虐殺《ぎゃくさつ》、労働者からの搾取《さくしゅ》ばかりを強調し、アメリカはインディアンや他国の人々を犠牲《ぎせい》にして、無慈悲に領土を広げてきたのだ、と書くことは愛国心に欠けているのではないか？」

なぜ、大人ならば急進的で批判的な見解を耳にしてもよいが、一九歳以下のティーンエージャーには不適当だと思うのだろう？　少年少女にはそうした事柄を理解する能力がない、とでも考えているのだろうか？　自分の国の政治をありのままに見つめるには未熟だ、と若い人たちのことを決めつけるのはまちがっていると思う。そう、それはありのままとはどういうことなのか、という問題なのだ。自分の過《あやま》ちを正すには、わたしたち一人ひとりが、その過ちをありのままに見つめなければならない。この国の政治を評価するときにも、同じことがいえるのではないか。

わたしの考える愛国心とは、政府のすることをなんでも無批判に受け入れることではない。民主主義の特質は、政府の言いなりになることではないのだ。国民が政府のやり方に異議を唱えられないなら、その国は全体主義の国、つまり独裁国家である——わたしたちは幼いころ、そう学校で教えられたはずだ。そこが民主国家であるかぎり、国民は自分の政府の施策を批判する権利をもっている。

民主主義の根本原理は、一七七六年に公布された『独立宣言』のなかで、植民地アメリカが、もはやイギリスに支配されることを望まない理由として説明されている。政府は批判の及ばない神聖な存在ではない、と『独立宣言』ははっきりとうたっているのだ。なぜなら政府とは、〈生命、自由、幸福の追求〉という、万人に等しく与えられた権利を保障するため、人々によってつくられた人為的なものだからである。そのうえ、『宣言』はこう続けている。政府が責任を果たさない場合には、〈その政府を改変もしくは廃止して新しい政府を設立することは……人々の権利である〉と。

もしも政府を〈改変もしくは廃止〉することが国民の権利だとしたら、当然政府を批判することも、国民の権利にふくまれるだろう。

また、昔からの国民的英雄の過《あやま》ちを指摘しても、若い読者を失望させることにはならない、ともわたしは考える。英雄だと教えられてきた人物のなかにも、尊敬に値《あたい》しない者がいるのだという真実を語るべきなのだ。地球のこちら側にたどり着いたコロンブスが、金《きん》を手に入れようと暴虐《ぼうぎゃく》のかぎりを尽くしたことを、なぜ英雄的行為だと考えなければならないのだろう？　アンドリュー・ジャクソンが、インディアンを、もともと住んでいた土地からむりに移住させたことを、どうして英雄的行為だと思わなければならないのか？　アメリカ・スペイン戦争で、スペインをキューバから追い出しただけでなく、そのキューバをアメリカの支配下に置く道を開いたセオドア・ローズベルトを、なぜ英雄と見なさなければならないのだろう？

たしかに、わたしたちには英雄が必要だ。人間として生きていくうえで模範となる、尊敬できる人物が必要だ。しかしわたしなら、英雄には、一六世紀に活躍したスペイン人聖職者で歴史家のバルトロメー・デ・ラス・カサスをあげたい。彼は、バハマ諸島のインディアンに対する、コロンブスの暴力行為をはじめて告発した人物だ。インディアンのチェロキー族も英雄と呼ぶにふさわしい。彼らは古くから住んできた土地から立ちのくまいと、敢然と抵抗した。さらには、『トム・ソーヤーの冒険』などで知られる作家、マーク・トウェインをもまた英雄と呼びたい。セオドア・ローズベルトが、フィリピンで何百名もの人々を虐殺《ぎゃくさつ》したアメリカ人将軍を賞賛したとき、トウェインはこの大統領をおおっぴらに非難した。ヘレン・ケラーも英雄の一人だろう。彼女は、第一次世界大戦という修羅場《しゅらば》へ、アメリカ人青年を送り出すことを決めた第二八代大統領ウッドロー・ウィルソンに、反対の声をあげたからだ。

わたしはずっと戦争、人種差別、経済的不正義を糾弾《きゅうだん》してきたが、そうした問題は解決されないまま、現在のアメリカ合衆国を悩ませている。

ところで、『民衆のアメリカ史』の最新増補版を出してから五年以上が経過したが、若い世代向けの本書では、二〇〇六年末現在まで、内容をアップデートすることができた。下巻の最終章には、イラクへの侵攻開始から三年半後の、ジョージ・W・ブッシュ政権の二期目について加筆した。

第1章

コロンブスがはじめた征服の歴史

アラワク族の男たち女たちが、村々から浜辺へ走り出してきて、目をまるくしている。そして、その奇妙な大きな船をもっとよく見ようと、海へ飛びこんだ。クリストファー・コロンブスと部下の兵たちが、剣《つるぎ》を帯びて上陸してくるや、彼らは駆けよって一行を歓迎した。コロンブスはのちに自分の航海日誌に、その島の先住民アラワク族についてこう書いている。

〈彼らはわれわれに、オウムや綿の玉や槍《やり》をはじめとするさまざまな物をもってきて、ガラスのビーズや呼び鈴と交換した。なんでも気前よく、交換に応じるのだ。彼らは上背があり、体つきはたくましく、顔立ちもりりしい。武器をもっていないだけでなく、武器というものを知らないようだ。というのは、わたしが剣をさし出すと、知らないで刃を握り、自分の手を切ってしまったからだ。彼らには鉄器はないらしく、槍は、植物の茎でできている。彼らはりっぱな召使になるだろう。手勢が五〇人もあれば、一人残らず服従させて、思いのままにできるにちがいない。〉

アラワク族が住んでいたのは、バハマ諸島だった。アメリカ大陸の先住民と同じように、客をもてなし、物を分かち合う心を大切にしていた。しかし西ヨーロッパという文明社会から、はじめてアメリカへやってきたコロンブスがもっていたのは、強烈な金銭欲だった。その島に到着するや、彼はアラワク族数人をむりやりとらえて、聞き出そうとした。金《きん》はどこだ？ それがコロンブスの知りたいことだった。

コロンブスはスペイン国王と女王を説きふせ、航海の費用を出してもらっていた。ほかのヨーロッパ諸国と同じく、スペインもまた金《きん》を探していたのだ。ヨーロッパ人は陸路でインドや東南アジアを訪ねていたため、東インドに金があることは知っていた。そこからは、絹や香《こう》辛料《しんりょう》といった貴重な物もとれた。しかし、ヨーロッパからアジアまで陸路で旅するのは、長期にわたるうえに危険だったので、ヨーロッパ諸国はアジアへの海路を求めていた。そこでスペインはコロンブスに、いちかばちかかけたのである。

黄金と香辛料をもち帰れば、コロンブスは利益の一〇パーセントをもらえる約束になっていた。さらには、あらたに見つけた土地の総督としての地位と、〝大洋提督〟という称号も与えられるはずだった。そこでコロンブスは、大西洋を横断してアジアに到達した最初のヨーロッパ人になろうと、三隻の船で出発したのだ。

当時の教養ある人々と同じく、コロンブスは世界はまるい、ということを知っていた。つまり、ヨーロッパから東のはてへ到達するには、西へ向かって航海すればよいはずだと。だが、コロンブスの想像していた世界はひどく狭かったから、何千マイルも先にあるアジアへは、とうていたどり着けなかったろう。ところが、コロンブスはついていた。ヨーロッパからアジアまでの海路を四分の一進んだところで、未知の島に行きあたったのだ。

ヨーロッパ人に知られている水域を離れてから三三日後、コロンブスと部下たちは、海面に漂う木の枝、空に群れる鳥たちを目にした。陸地が近い証拠だ。そして、一四九二年一〇月一二日、ロドリゴという船員が、月に照らされた白い砂浜を見つけて、大声をあげた。それは、カリブ海に浮かぶバハマ諸島の一つだった。最初に陸地を見つけた者には、高額の賞金が与えられるはずだったが、ロドリゴは手にできなかった。コロンブスが、その前夜に灯《あか》りを見たと主張し、報酬《ほうしゅう》を自分のものにしてしまったのである。

奴隷と黄金を求めて

コロンブス一行を歓迎した先住民アラワク族は、村落をつくり、農業をいとなんでいた。ヨーロッパ人とはちがい、馬などの役畜《えきちく》は使わず、鉄器ももっていなかった。ところが彼らは、金製の小さな耳飾りをつけていたのだ。

このつつましい耳飾りこそが、それからの歴史を形づくっていくことになる。コロンブスとインディアンの関係は、コロンブスがアラワク族を捕虜《ほりょ》にするという形ではじまった。耳飾りを見たコロンブスは、黄金のありかまで、アラワク族に案内させようと考えたのだ。

このあとコロンブスは、カリブ海のほかの島々へも立ちよったが、そこには現在ハイチとドミニカ共和国がある、エスパニョーラ島もふくまれていた。コロンブスは一隻の船を浅瀬に乗りあげさせると、その船の木材を使って、ハイチに砦《とりで》を築いた。そして、三九人の乗組員を残し、新大陸発見の知らせをたずさえて、スペインへもどった。残した乗組員たちには、黄金を見つけて蓄えておくようにと命じて。

スペイン宮廷へ送られたコロンブスの報告書は、事実と作り話の入り混じったものだった。彼はアジアへ到達したと主張し、アラワク族を、インド諸島に住む者、つまり〝インド人《インディアン》〟と呼んだ。そして、自分の訪ねた島々はまさしく中国の沖合いにあって富にあふれていた、と報告したのだ。

〈エスパニョーラは奇跡の島であります。山あり丘あり、平地も牧草地も肥沃《ひよく》でうるわしく、天然のすばらしい良港があるうえ、大きな川がいく筋も流れ、しかも川の多くは金《きん》をふくんでいるのです。香辛料《こうしんりょう》も豊富で、金以外の金属の大きな鉱山もあります。〉

もしも国王と女王がまたいくらか援助してくれるならば、もう一度航海に出るつもりだ、とコロンブスは続けた。そして今度は、〈国王陛下と女王陛下がご所望になるだけの黄金とご入り用な数の奴隷〉を、スペインまで連れ帰ると書いた。

この約束のおかげで、コロンブスは一七隻の船と一二〇〇人以上の乗組員を与えられた。二回目の航海（一四九三年〜九六年）の目的ははっきりしていた。奴隷と黄金だ。コロンブス一行はカリブ海の島から島へと移動し、インディアンをつかまえて捕虜《ほりょ》にした。しかし、インディアンのあいだでうわさが広まり、もぬけの殻の村がふえていった。ハイチに着いてみると、砦《とりで》に残していった乗組員は殺されていた。乗組員たちは徒党を組んでは島をうろついて黄金を探し、女性や子どものインディアンを奴隷にしたが、ついにはインディアンと戦いになって、殺されたのだ。

コロンブスの部下は、黄金を求めてハイチを探し回ったものの、徒労におわった。しかし、からっぽの船でスペインへもどるわけにはいかない。そこで一四九五年、彼らは大がかりな奴隷狩りを行った。そして、捕虜《ほりょ》にした者から五〇〇人を選んで、スペインへ送ったのだ。航海の途中で、二〇〇人が死んだ。残る三〇〇人はなんとかスペインに到着し、地元の教会役員により競《せ》りにかけられた。

コロンブスはのちに、信心深い調子でこう書いている。〈父と子と聖霊の御名《みな》において、売れんかぎりの奴隷をさらに送りつづけられんことを。〉

だが、きわめて多くのインディアンが、監禁中に死んでいった。それでもコロンブスは、航海がもうかることを示さなければならなかった。黄金をどっさり積んだ船でもどる、という約束を破るわけにはいかないのだ。

コロンブスは、ハイチのどこかに大量の金《きん》があると思いこんでいた。そこで、一三歳以上のインディアン全員に、金を集めてこい、と命じたのだ。金をもってこられなかった者は、手を切断され、出血多量で命を落とした。

インディアンは、不可能なことを命じられたのだ。近くにある金といえば、川の流れに混じっている少量の砂金だけだった。そこでインディアンは逃げた。コロンブスとスペイン人たちは犬をけしかけながら追いかけて、彼らを殺した。捕虜《ほりょ》にした者は縛《しば》り首《くび》にするか、火あぶりにした。銃と刀剣、甲冑《かっちゅう》と馬で武装したスペイン人にはとてもたち打ちできるものではなく、ほどなくアラワク族は毒草で、集団自決しはじめた。スペイン人が黄金を探しはじめた当座、ハイチには二五万人のインディアンがいたが、二年後には、殺されたり自決したりして、彼らの数は半分にまでへっていた。

その後、もはや島から金が出ないとわかるや、スペイン人はインディアンを奴隷にしはじめた。インディアンはスペイン人の広い所有地でむりやり働かされ、虐待《ぎゃくたい》されて、一〇〇〇人単位で死んでいった。一五五〇年にはアラワク族は五〇〇人にまでへり、その一〇〇年後、島には一人のアラワク族もいなくなった。

偉大なる探検家コロンブスの蛮行《ばんこう》

コロンブスの到着後、カリブ海諸島でなにがあったかがわかるのは、バルトロメー・デ・ラス・カサスのおかげだ。彼はキリスト教の司祭で、若いときにはスペイン人のキューバ征服に力を貸した。その後しばらく農園《プランテーション》を所有し、インディアンを奴隷として使っていたが、やがて農園を手放して、スペイン人の残酷な行為を非難するようになる。

ラス・カサスはコロンブスの航海日誌を引き写し、また『インディアス史』もあらわした。その本で彼はインディアンの社会や慣習を描き、さらには、スペイン人が彼らをいかに扱ったかについても記している。

〈赤ん坊は生まれても、すぐに死んだ。過労と飢《う》えのため、母親が乳を出せなかったからだ。そのため、わたしがキューバにいた三ヵ月間で、七〇〇〇人の赤ん坊が死亡した。絶望のあまり、自分の子どもをおぼれ死にさせる母親までいた。こうして夫は鉱山で死に、妻は過労で死に、赤ん坊は乳がないために死んでいった。この目でわたしは、人間のすることとも思えない所業を見てきたが、それを記しながらもいまも震えが止まらない。〉

こうして、南北アメリカ大陸でのヨーロッパ人の歴史がはじまった。それは、征服と奴隷制、そして死の歴史だ。ところが、アメリカ合衆国の子どもたちに与えられている歴史の本には、長いあいだちがうことが書かれていた。英雄が活躍する冒険物語だけが語られ、虐殺《ぎゃくさつ》には触れられていなかったのだ。しかしいまようやく、若い世代への歴史の教え方が変わろうとしている。

コロンブスとインディアンの話は、歴史がいかにして書かれるかについて、あることを教えてくれる。

サミュエル・エリオット・モリソンは、コロンブス研究でもっとも有名な歴史学者の一人だ。モリソンはみずからコロンブスの航路をたどり、大西洋を横断した。一九五四年には『大航海者コロンブス』という、一般向けの本も出版した。そのなかで彼は、コロンブスや、あとに続くヨーロッパ人による残虐な行為のせいで、インディアンの〈完全な大量殺戮《ジェノサイド》〉が引き起こされた、と述べている。ジェノサイドとは、とても強い言葉だ。ある民族的、または文化的集団の全員を計画的に殺害する、という恐ろしい犯罪の呼び名である。

モリソンはコロンブスに関してうそはついていないし、大量殺害の話もはぶいていない。しかし、彼はその事実に触れはしてもさっとすませて、別の話へ移っている。ジェノサイドという事実を、ほかの膨大《ぼうだい》な情報のなかに埋もれさせ、全体的に考えれば、大量殺害はさほど重大なことではなかった、といっているように思われるのだ。ジェノサイドを話の一部分としてさらりと流すことによって、その言葉の強烈さを弱め、わたしたちがコロンブスに対してちがった感想をいだかないようにしている。本の最後でモリソンは、コロンブスは偉大な人物だ、と持論を結んでいる。そして、コロンブスのもっとも重要な歴史的意義は、彼の航海術にあったとしているのだ。

歴史家は数ある事実のなかから、どれを自分の研究課題とし、どれを省略し、どれを話の中心にすえるかを選択して決定しなければならない。歴史家の考え方や信念は、その歴史家の歴史の描き方に示される。そして、いかに歴史が描かれるかによって、それを読む人の考えや信念も形づくられうるのだ。だとすれば、モリソンのような歴史の描き方——コロンブスやあとに続く人々は偉大な航海者であり発見家である、と見るだけで、彼らの犯したジェノサイドにはほとんど触れない——によると、コロンブスたちは正しかったように思われてくる。

人は歴史について書いたり読んだりするとき、征服や大量殺害のような残虐《ざんぎゃく》なことも、進歩のためにはしかたがなかった、と思いがちだ。それは、多くの人々が、歴史とは、政府や征服者、指導者たちの物語だと考えているせいである。そうした視点から過去をふり返ると、歴史とは、ある国になにが起きたか、の話になるだろう。だから、国王や大統領、将軍が登場人物になるのだ。しかし、工場で働く者や農民、有色人種、女性や子どもはどうなのだろう？彼らもまた、歴史の担い手ではないだろうか？

どの国の歴史物語にも、征服する者とされる者、主人と奴隷、権力をもつ人々ともたざる人々のあいだの、はげしい対立がふくまれている。歴史を書くということは、そのどちらかの側に立つということだ。わたしはたとえば、アラワク族の立場から、アメリカ発見を語りたいと思う。たとえば黒人奴隷の視点に立って、アメリカ合衆国憲法について述べ、ニューヨーク・シティに住むアイルランド人の目で、南北戦争を見てみたいと思うのだ。

あらたな可能性を未来にさぐろうというときには歴史が助けになってくれる、とわたしは信じている。歴史は、隠されていた過去のある部分、たとえば人々が権力者に抵抗し、あるいは団結したときの物語を明らかにして、ヒントを与えてくれるはずだ。わたしたちの未来は、えんえんと続く戦争史のなかにではなく、思いやりと勇気にあふれた過去の出来事のなかに見いだされるにちがいない。これが、アメリカ合衆国の歴史への、わたしの接近方法《アプローチ》である。そしてそれは、コロンブスとアラワク族との出会いからはじまるのだ。

虐殺《ぎゃくさつ》されたインディアンたち

コロンブスとアラワク族のあいだに起きた悲劇は、その後もいく度となくくり返される。スペイン人の征服者エルナン・コルテスとフランシスコ・ピサロは、メキシコのアステカ文明と南アメリカのインカ文明を滅ぼした。そして、イギリス人入植者がバージニアとマサチューセッツにたどり着いたとき、彼らもまた、出会ったインディアンに同じことをしたのだ。

一六〇七年、イギリス人は、アメリカ大陸における最初の永続的な植民地として、バージニアにジェームズタウンを建設した。この町は、ポーハタンと呼ばれるインディアンの首長が治める領地の中に築かれた。ポーハタンは、イギリス人が自分の土地に入植するのを見守っていただけで、攻撃しなかった。しかし、ジェームズタウンの創設者の一人ジョン・スミスとは話し合いの場をもった。伝えられているポーハタンの申し立ては、彼の言葉そのままではないだろうが、のちの時代に別のインディアンが語ったり、書き残したりしたこととよく似ている。だから次の言葉は、白人が自分の領土に入ってくるのを見たときのポーハタンの思いとして、読むことができるだろう。

〈わたしは、自分の国のだれよりも、平和と戦争のちがいをよく知っている。なぜあなたたちは、愛によって静かにえられるものを、力ずくで奪いとろうとするのか？　あなたたちに食べる物を提供しているわれわれを、なぜ滅ぼそうとするのか？　戦いによってなにがえられると いうのだろう？　なぜあなたたちは、われわれをねたむのか？　われわれは武装していないし、あなたたちが友情をもって接してくれるなら、望むものをさし出したいと思っている。そのうえ、あなたたちイギリス人から逃げ、森の中で寒さに震えて横たわり、かたい木の実や根のようなみじめなものを口にし、食べることも眠ることもままならないほど追い回されるよりも、うまい肉を食べ、安らかに眠り、妻や子どもたちと穏やかに暮らして、あなたたちイギリス人と笑って楽しく過ごし、銅や手斧《ておの》を交換するほうがはるかにましだ、ということがわからないほど無知ではないのだ。〉

一六〇九年から翌年にかけての冬、ジェームズタウンのイギリス人は、彼らが〈飢餓期《きがき》〉と呼んだ、深刻な食料不足に見舞われた。彼らは木の実とベリー類を求めて森をさまよい、墓を掘り起こして死体をくらった。入植者五〇〇人のうち、生き残ったのはわずか六〇人だった。

入植者のなかには、インディアンのもとへ駆けこむ者もいた。少なくともそこでは、食べ物にありつけたのだ。一六一〇年の夏、植民地総督がポーハタンに、彼らを送り返すように求めた。ポーハタンが断ると、イギリス人たちはインディアン居住地の一つを滅ぼした。その部族の妻をさらい、子どもたちを海につき落として銃で撃ってから、刀剣で妻を刺殺したのだ。

一二年後の一六二二年、インディアンはふえつづけるイギリス人植民地を排除しようと、三四七人の男女子どもを虐殺《ぎゃくさつ》した。このときから、インディアンとイギリス人の全面戦争がはじまる。イギリス人はインディアンを奴隷として使うことも、彼らと共存していくこともできず、滅亡させようと決心した。

一方、もっと北のニューイングランドには、巡礼始祖《ピルグリム・ファーザーズ》（メイフラワー号で移住したイギリスの清教徒たち）が入植した。ジェームズタウンの場合と同じく、彼らもまたインディアンの領土へ入っていった。コネティカット南部とロードアイランドに住んでいたのは、ピクォート族だった。入植者たちは彼らの土地がほしいと思った。一六三七年、ピクォート族との戦いがはじまり、互いに多数の相手を殺すことになった。イギリス人は、かつてコルテスがメキシコで使ったのと同じ戦法をとった。敵を恐怖におとしいれるため、戦士ではないインディアンを攻撃したのだ。彼らは、インディアンの住みかである〝ウィグワム〟と呼ばれる半球形の小屋に火をはなった。炎からのがれようと飛び出してきたインディアンは、刀剣でばらばらに切りきざまれた。

コロンブスがアメリカ大陸へ到達したとき、現在のメキシコより北には、一〇〇〇万人のインディアンが住んでいた。ヨーロッパ人がこの地に入植しはじめてから、彼らの数はへりつづけ、ついには一〇〇万人以下になった。きわめて多数のインディアンが、白人のもちこんだ疫病にかかって死んだのだ。

ところで、インディアンとは何者だったのだろう？　贈り物を手に、浜までコロンブス一行を迎えに出てきた者たち、あるいは、バージニアやマサチューセッツへはじめて入ってきた白人入植者を、木陰から見つめていたのは、いかなる人間だったのだろうか？

コロンブス以前、南北アメリカ大陸には、七五〇〇万人のインディアンが暮らしていた。彼らは何百もの異なった部族文化と、約二〇〇〇もの独自の言語をもっていた。多くの部族は狩りをし、食物を集めながら移動する遊牧民だった。なかにはすぐれた農耕民として、共同体をつくって定住している者もいた。北東部の部族でもっとも強力だったイロクォイ族のあいだでは、土地は個人のものではなく、共同体全体のものとされていた。イロクォイ族の人々は協力して農耕や狩猟を行い、食べ物も分かち合っていた。彼らの社会では女性は地位が高く、尊重されていた。女もさまざまな権限をもち、子どもたちは自立するように育てられた。そして、イロクォイ族と同じように暮らしていた部族は、ほかにもたくさんあったのである。

つまり、コロンブスやあとに続くヨーロッパ人たちは、無人の荒野へきたのではなかった。その場所によっては、ヨーロッパと同じくらい人口密度の高い世界へやってきたのだ。そのうえインディアンは、独自の歴史、おきて、詩をもち、ヨーロッパ人よりずっと平等に暮らしていた。はたして〝進歩〟とは、彼らの社会を滅ぼす理由たりえたのだろうか？

インディアンの運命は、歴史とは、ヨーロッパからの征服者や統治者の話にとどまらない、ということをわたしたちに気づかせてくれる。

第2章

アメリカの大問題、人種差別と奴隷制のはじまり

世界の歴史において、アメリカ合衆国ほど、人種差別がずっと大問題でありつづけている国はほかにない。人種差別主義というものは、どうやってはじまったのだろう？ それをおわらせるにはどうしたらよいのだろうか？ 人種問題はこんなふうにも問えるかもしれない――憎しみ合うことなしに、黒人と白人がともに暮らしていくことは可能だろうか？

こうした質問に答えるには、歴史が役立ってくれるはずだ。アメリカ大陸へ最初にやってきた白人と黒人についてははっきりしているから、北アメリカでの奴隷制の歴史が、手がかりを与えてくれるにちがいない。

北アメリカでは、奴隷制が、白人にとって、黒人との一般的な関係になった。と同時に白人は、黒人は自分たちとは同等でない、と思うようにもなった。こうして三五〇年間、人種差別主義のせいで、黒人はアメリカ社会で低い地位に置かれることになる。人種差別とは、黒人は劣っているという考えと、黒人に対する不平等な扱いとが結びついたものである。

インディアンでも白人入植者でもない人間が必要だった

最初の白人入植者に起こったあらゆることが、黒人を奴隷として使役する方向へと働いた。植民地バージニアの人々は、一六〇九年から翌年にかけての飢餓《きが》期を生き抜いたのち、年々入植者をふやしていた。そのため、生きていくのに不可欠な、食料を育てる労働力が不足してきた。ところが、彼らはトウモロコシ以外のものも育てたいと思っていた。じつはバージニアの入植者は、インディアンからタバコの栽培法を習っており、早くも一六一七年には、最初の積み荷をイギリスへ送り出していたのだ。タバコは高く売れた。喫煙はばちあたりだ、と考える者もいたが、タバコ農園の所有者たちは、そんな考えを聞き入れてもうかる商売をやめるつもりはなく、イギリスへタバコを輸出しつづけたのだ。

しかし、タバコを売り物になるまで育てるのはつらい仕事だ。いったいだれがするのだろう？　インディアンにむりじいさせることはできなかった。インディアンのほうが多勢だったし、たとえ銃で彼らを殺したとしても、別のインディアンから報復されることになったからだ。また、インディアンをとらえて、奴隷にすることもできなかった。インディアンは強靭《きょうじん》で、挑戦的だったのだ。北アメリカの森は、イギリス人入植者には敵意にあふれる見知らぬ場所だったが、インディアンにとっては知り尽くした庭も同然だった。インディアンはなかなかつかまらなかったし、つかまえてもすぐに逃げられてしまった。

バージニアの人々は、インディアンを思いどおりにできないことにいら立っていたのだろう。自分たち白人は文明人で、インディアンは野蛮人《やばんじん》だと思っていながらも、自分のことは自分でまかなえるインディアンに、ねたましさを感じていたにちがいない。バージニアの奴隷制の研究家でもある歴史家のエドマンド・モーガンは、著作『アメリカの奴隷制とアメリカの自由』のなかで、入植者は自分たちがインディアンほどうまく暮らしていけず、あるいはインディアンを支配できなかったことを恥じていたはずだ、と書いている。

〈自力でやっていけるインディアンは、入植者の進歩的なやり方をあざ笑い、入植者より少ない労力で、よほど豊かな実りを大地からえていた。仲間の中にインディアンと暮らそうと離れる者がではじめると、入植者たちは、もうがまんの限界だ、と感じた。そこで入植者たちはインディアンを殺し、痛めつけ、インディアンの村に火をはなち、トウモロコシ畑を焼き尽くした。それでも、充分なトウモロコシを育てることはできなかったのだ。〉

こうしたねたみや怒りといった感情が、なんとしても奴隷を使う立場になりたい、と入植者に考えさせたのだろう。奴隷的労働力として黒人を連れてくることは、バージニアの人々には当然のことと思われたらしい。南北アメリカのほかの植民地では、すでにそうしたことが行われていたからだ。

南アメリカやカリブ海諸島には、ポルトガルやスペインが支配する、鉱山やサトウキビのプランテーションがあった。奴隷として働かせるため、一六一九年までに、一〇〇万人の黒人がアフリカから運ばれてきていたのだ。そもそも奴隷貿易は、コロンブスのアメリカ到着より五〇年も前に、一〇人のアフリカ人がポルトガルへ連れてこられて、売られたときからはじまった。だから一六一九年に、ジェームズタウンにはじめて二〇人の黒人が送られてきて、入植者に売り渡されたときには、白人がアフリカ人を奴隷的労働力として考えるようになってから、長い歳月がたっていたのである。

連れてこられたアフリカ人が無気力状態だったことも、奴隷制をおしすすめる原因となった。インディアンは、自分たちの土地に住んでいた。白人はあらたな大陸へ渡ってきたが、イギリス文化もともにもちこんでいた。しかし黒人は、自分たちの土地からも、文化からも切り離されてしまったのだ。言葉や服装、風習や家族生活といった代々受け継いできたものも、少しずつ奪いとられていた。ただ信じられないほど強い精神力だけで、そうした遺産のいくらかにすがりつくようにして生きていたのだ。

では、アフリカ人の文明がかんたんに破壊されたのは、ヨーロッパ人の文明より劣っていたからなのだろうか?　いや、アフリカ文明は、ヨーロッパ文明と同じぐらい進歩していた。それは一億の人々からなる文明だったのだ。彼らは大都市をつくり、鉄製の道具を使い、農耕や織物、陶器作りや彫刻にひいでていた。一六世紀にアフリカを旅したヨーロッパ人は、西アフリカ一帯を支配していたマリ帝国（現マリ共和国が主な領域）や、その中心都市トンブクトゥに感服させられたという。ヨーロッパ諸国がようやく近代国家へと歩みはじめたころ、こうしたアフリカの国々は組織の整った、安定した国を築きあげていたのだ。

アフリカにも奴隷制は存在した。そして、ヨーロッパ人は自分たちの奴隷貿易を正当化するため、ことあるごとにこの事実をもち出してきた。たしかに、アフリカの奴隷も過酷な生活をしいられていたが、アメリカへ連れていかれた人々にはない、さまざまな権利をもっていた。アメリカの奴隷制は、二つの点で歴史上もっとも残酷な制度だ。まず、もっと金もうけをしたいという果てしない強欲さによって、隆盛の一途をたどっていったということ。さらに、その根本には、白色人種が主人で、黒色人種は奴隷だ、という強い人種的偏見が巣くっていたということだ。この二つの理由のため、アメリカの奴隷は、人間以下の存在とされたのである。

非人間的な扱いは、すでにアフリカではじまっていた。とらえられた黒人は鎖につながれて海岸まで歩かされ、その距離はときに一〇〇〇マイル（約一六〇〇キロ）にもなった。こうした〝死の行進〟のあいだに、四〇パーセントの黒人が命を落としたという。そして、なんとか海岸へたどり着いても、売られるまで檻《おり》に閉じこめられることになった。

いよいよ奴隷船に乗せられると、暗い船倉でまたもや互いに鎖でつながれた。一人分のスペースは、棺桶《かんおけ》ほどの広さしかなかった。不衛生な船倉にぎゅうぎゅう詰めにされて、窒息死する者、苦しみのあまり海へ身を投げる者まで出た。こうして、航海中に三分の一が死亡したと思われる。それでも奴隷貿易はもうかるため、奴隷商人は黒人たちを魚のように船へ詰めこんだのだ。

奴隷貿易をさかんに行ったのはまずオランダ人で、次がイギリス人だった。ニューイングランドの入植者のなかにも、この商売に手を染める者が現れた。一六三七年、入植者による奴隷船第一号が、マサチューセッツから出航した。船倉は横二フィート（約六〇センチ）縦六フィート（約一八〇センチ）の板で仕切られ、板には奴隷をつなぐための足かせまでついていたという。

一八〇〇年までに、一〇〇〇万から一五〇〇万人もの黒人が、南北アメリカ大陸へ運ばれた。わたしたちが、〝西洋近代文明のはじまり〟と呼んでいる数世紀のあいだに、アフリカ大陸からは、総計で約五〇〇〇万の人々が連れ去られ、死亡するか奴隷にされていたのだ。

植民地アメリカに奴隷制がとり入れられたのは、ジェームズタウンの入植者が、切実に労働力を求めていたためだった。彼らにはインディアンは使えなかったし、白人を働かせることもままならなかった。そこへ、人間の体で金をもうけようとたくらむ奴隷商人により、ますます多くの黒人が送りこまれてきたのだ。おまけに、黒人の多くはとらえられて以来、あまりにも過酷な目にあわされてきたため、無気力状態におちいっていた。こうしたことすべてが原因となり、黒人は奴隷化されたのである。

白人が黒人の反乱より恐れたものとは？

では、黒人は全員が奴隷だったのだろうか？　おそらく奴隷ではなく、奉公人とみなされた者もいただろう。入植者は、白人の奉公人ももっていたからだ。それでは入植者は、黒人の奉公人と白人の奉公人を同等に扱っていたのだろうか？

バージニア植民地のある例からは、白人と黒人とはまったくちがった待遇を受けていたことがわかる。一六四〇年、六人の白人奉公人と一人の黒人奉公人が逃亡して、つかまった。法廷記録によると、エマニュエルという黒人は、三〇回のむち打ちの刑を受けたうえ、片方の頰《ほお》に焼印を押され、一年以上足かせをはめて働くべし、と宣告された。一方、白人奉公人たちは軽い刑しか受けなかったのだ。

こうした不平等な扱いが人種差別主義であり、それは感情面でも行動面でもあからさまに示された。白人は、自分は黒人よりすぐれていると感じ、黒人を見くだす態度をとった。また、白人に対するより、ずっと無慈悲で冷酷に黒人を扱った。では、人種差別とは〈自然な〉ものなのだろうか？　黒人への本能的な嫌悪感《けんおかん》のために、白人は黒人を忌《い》み嫌い、差別して扱ったのだろうか？　それとも、人種差別とは、とりのぞくことのできる、ある条件の結果にすぎないのだろうか？

こうした質問に答えるには、黒人と自分たちとは同等だと考える白人が、植民地アメリカにいたかどうかを調べるという方法がある。実際に、そうした例は存在した。同じ仕事をし、同じ問題をかかえている白人と黒人がいて、自分たちの主人こそ共通の敵であるとわかったとき、もはやその白人は黒人を差別的には扱わなかったという。

つまり、植民地アメリカのプランテーションで奴隷制が確立した理由として、人種的な嫌悪感という〈自然な〉ものがあったからだ、ということはできないのである。労働力不足は、理由としてはもっともだろう。アメリカへ渡ってきた白人の数は、プランテーションの需要を満たすには足りなかった。そこで不足をおぎなうために、入植者は奴隷制に頼るようになった。そして、奴隷をほしがる声はどんどん高まっていくのだ。一七〇〇年のバージニアにおける奴隷の数は六〇〇〇人で、植民地人口の一二分の一だったが、一七六三年には一七万人になり、人口の約半分を占めるまでにふえていた。

黒人は当初から、奴隷にされることに抵抗した。自分自身や兄弟姉妹にしかわからない方法だったとしても、抵抗を示すことによって、人間としての尊厳を守ろうとしたのだ。しばしば彼らは仕事をなまけたり、ひそかに白人の持ち物をこわすという、気づかれにくく罰をまぬがれうるようなやり方で抵抗していた。もう一つのやり方は、逃亡だ。アフリカから連れてこられたばかりで、村で暮らすという風習がまだ体から抜けていない奴隷たちは、集団で逃亡し、荒野に自分たちの村をつくろうとした。アメリカで生まれて奴隷にされた者たちの多くは、単身で逃亡し、奴隷でない自由民をよそおった。

逃亡には、処罰、そして死の危険がついて回る。逃亡計画に気づかれただけでも、ひどい罰を受けることになっていたのだ。奴隷たちは火で焼かれ、手足を切られて死刑にされた。ほかの奴隷の反抗心をくじくには、厳格な懲罰《ちょうばつ》が必要だ、と白人は信じていたのだ。

一方で、白人の入植者たちは、黒人の集団的な反抗をひどく恐れていた。プランテーションでの暮らしには、奴隷が反乱を起こすのではないか、という恐怖がつきものだったらしい。一七三六年に、ウィリアム・バードというバージニアの大農園主は、もしも〈死をも覚悟した〉大胆不敵な奴隷が現れたら、その男が先頭に立って〈わが国の広い川を血で染めるほど〉の戦争をはじめるかもしれない、と書いている。

実際に、そんな反抗が起きていた。数こそ多くなかったものの、農園主をつねにびくびくさせておくには充分だった。一七二〇年、サウスカロライナの入植者がロンドンあてに、発覚したばかりの奴隷の計画的な暴動について、こう書き送っている。

〈つい最近、きわめて邪悪で野蛮《やばん》な企てがあったことをお知らせします。黒人どもがこの一帯の白人を皆殺《みなごろ》しにして、チャールズタウンを乗っとろうとしていたのです。しかし、神のご加護により陰謀はあばかれ、たくさんの黒人がつかまって火あぶりや縛《しば》り首《くび》にされ、あるいは追放されました。〉

判明しているだけでも、一〇人以上の奴隷が加わった反乱や反乱計画は、約二五〇あったという。しかし、すべての反乱が奴隷だけで行われたわけではない。しばしば白人も参加していたのだ。一六六三年には、バージニアの白人奉公人と黒人奴隷が、自由をえようと手を結んだ。しかし、この反乱計画は密告されて、死刑をもっておわった。

一七四一年、ニューヨークには、一万人の白人と二〇〇〇人の黒人奴隷が住んでいた。ひどく冷えこんだ冬が、貧しい黒人と貧しい白人をさんざん苦しめたあと、街では不審火が続いた。それは黒人と白人の共謀によるものだ、との告発があり、裁判がはじまった。荒々しい言葉が乱れ飛ぶ異様な興奮に包まれた法廷で、数名がむりやり自白させられた。ついには、二人の白人男性と二人の白人女性が死刑にされ、一八人の黒人奴隷が絞首刑、一三人の奴隷は生きたまま火あぶりにされた。

ところが植民地アメリカには、黒人の反乱よりもっと大きな恐怖が一つだけ存在した。それは、現状に不満な白人が黒人と組んで、社会秩序を引っくり返すのではないかという恐怖だった。とくに、人種差別ががっちりと根をおろす前の奴隷制初期には、黒人奴隷ほどではないにせよ、白人の奉公人もひどい扱いを受けていたから、両者が手を結ぶ可能性はきわめて現実的だったのだ。

そこで、植民地の統治者たちは先手を打った。貧しい白人に、新しい権利と恩恵をいくらか与えたのだ。たとえば、一七〇五年、バージニア議会は、年季をおえた白人奉公人に、主人は金銭とトウモロコシを与えるべし、という法律を定めた。はれて自由の身となった奉公人は、少々の土地も与えられた。こうして奉公人だった白人は、自分の社会的立場を以前ほど不満に感じなくなった。つまり、彼らが黒人奴隷といっしょになって、白人の主人にはむかう可能性もへったのだ。

歴史のあやなす糸によって、黒人はアメリカの奴隷制という罠《わな》にはめられてしまった。その糸とは、労働力を求める入植者たちの切実さ、生地から引き離されたアフリカ人たちの無力感、奴隷商人とタバコ農園主にもたらされる大きな利益、そして、反抗的な奴隷を罰する権限を主人に認めていた法と慣習だった。仕上げに、植民地の統治者は、ささやかな恩恵と優越した社会的身分を貧しい白人に与え、白人と黒人が同等の立場で手を組むのを防いだのだ。

張りめぐらされた糸は〈自然な〉ものではない。特殊な条件下で生まれてきた歴史的なものだった。とはいえ、かんたんに解きほぐせる糸でもない。しかし、歴史的な状況が異なれば、黒人と白人とは別の形で共存しうるという可能性を、たしかに示しているのだ。

第3章

ひと握りの金持ちのための社会

アメリカ独立革命が起こる一〇〇年前の一六七六年に、植民地バージニアで一つの反乱が起きた。怒りにかられた入植者たちにより、首都ジェームズタウンに火がはなたれたのだ。植民地総督は燃えあがる町から逃げ出し、イギリスは、四万人の入植者を統制するために、大西洋の向こうから一〇〇〇人の兵士を送りこんできた。

これがベーコンの反乱と呼ばれる暴動だが、母国イギリスに抵抗するための蜂起《ほうき》ではなかった。怒れる貧しい入植者たちが、敵とみなした二つの集団に対して決起したのだ。その集団の一つはインディアンで、もう一つは、特権的な立場にある裕福な入植地の指導者たちだった。

ベーコンの反乱では、社会的地位の低い者たちが結束した。まず立ちあがったのが、植民地政府のやり方に憤慨《ふんがい》していた、いわゆる〝開拓〟の最前線にあった白人の辺境民だった。そこに、白人奉公人と黒人奴隷が加わった。彼らもまた怒っていた。バージニアでの、富める者と貧しい者のあいだにあるあまりにも大きな差に、がまんがならなかったのだ。

敵はインディアン、そして白人特権階級

ベーコンの反乱は、バージニア西部の辺境《フロンティア》での争いに、端を発していた。一六七〇年代までに、バージニア東部の大半は、裕福な土地所有者に支配されるようになっていた。そのため、

大多数を占めるふつうの入植者は、自分たちは西の辺境《フロンティア》へ追いやられたと感じていたのだ。辺境での暮らしは、きわめて危険だった。先住民であるインディアンと、角突き合わせることになったからだ。そこで辺境民たちは、インディアンを征伐してほしいと訴えたものの、植民地を支配する政治家や有力な土地所有者にその気はなかった。どうやら彼らは何人かのインディアンを、自分たちのスパイ、または協力者として使っていたらしい。

辺境民は植民地政府に失望し、腹を立てていた。しかし、怒っていたのは辺境民だけではなかった。時代はきびしかった。バージニアの人々の多くが、貧困のなかでさらに生活を切りつめたり、劣悪な条件下で奉公人として働いたりしていた。一六七六年、こうして不満をつのらせてきたバージニアの人々は、ナサニエル・ベーコンというリーダーを見いだしたのだ。

イギリス政府の報告書は、ベーコンがいかにして人々に支持を訴えたかを、次のように記している。

〈彼は平民、つまりもっとも無学で粗野な者たちをあおり立てて、信じこませた、彼らの希望と野心のありったけを、いまこそ自分へ向けるべきだと。それから彼は、総督を怠慢《たいまん》でよこしま、頼りにならず無能であると糾弾《きゅうだん》し、法律と税金は不公平できびしすぎると叫んだ。〉

ベーコン自身はかなりの土地持ちだったから、貧者を救うことより、おそらくはインディアンを倒すことに執心だったはずだ。それでも、バージニアの一般市民は、ベーコンこそ自分たちの味方であると感じ、彼をバージニア植民地の議会議員に選んだ。ベーコンは武装民兵、つまり市民からなる兵士の集団を送り出して、インディアンと戦わせようとした。この民兵が、植民地政府の統制を無視して行動しようとしたため、植民地総督ウィリアム・バークレーは動転して、ベーコンを反逆者と呼び、逮捕させたのだ。

二〇〇〇人のベーコン支持者がジェームズタウンへ進軍してくると、総督はベーコンの謝罪と引きかえに彼を釈放した。しかし、解放されるやベーコンは民兵を率いて、インディアンの攻撃へ向かった。反乱は続いていたのだ。

ベーコンは、『人民の宣言』と呼ばれる声明のなかで、反乱の理由を述べている。それは、インディアンに対する辺境民の憎しみと、富裕層に対する一般市民の怒りの入り混じったものだった。ベーコンは不公平な課税や、西部の農民をインディアンから保護しなかったことをふくめて、植民地政府の悪政にひどく憤《いきどお》っていたのだ。

数ヵ月後、ベーコンは病に倒れ、二九歳で死亡した。以後、反乱は失速する。大砲三〇門で武装した軍艦が、バージニアの主要水路の一つヨーク川を巡航し、治安回復に乗り出してきた。そして艦長のトマス・グランサムが武力とペテンとで、最後まで抵抗していた一団を武装解除させたのだ。

反乱者たちの拠点へ入った艦長グランサムは、四〇〇人の武装した白人と黒人を目《ま》の当たりにする。反乱側は自由民と白人奉公人、黒人奴隷から構成されていたのだ。グランサムは全員を赦免《しゃめん》し、奉公人と奴隷は自由の身にすると約束した。ところがいざとなると、彼は軍艦の大砲を反乱者たちに向けて武器をとりあげ、奉公人と奴隷は元の主人へ引き渡した。さらに、指導者二三人が絞首刑にされて、反乱は平定された。

ベーコンの反乱は、バージニアに対する抑圧から連鎖的に引き起こされたものだった。インディアンは、白人の辺境民に土地を奪われた。辺境民は、ジェームズタウンの裕福な上流階級から課税され、支配されていた。そして、富める者も貧しい者も、植民地全体がイギリス政府に搾取《さくしゅ》されていたのだ。入植者はタバコを栽培して、イギリスに売っていたが、その価格はイギリスが決めていた。毎年、植民地バージニアから多大な利益を手にしていたのは、イギリス国王だったのだ。

大多数のバージニアの住民は、ベーコンの反乱を支持していた。しかし、総督バークレーの参事会の構成員のなかには、反乱者たちは、この植民地をイギリス国王の手から奪いとって、自分たちのものにすることがねらいだった、と述べる者がいた。さらには、今度の反乱はそもそもインディアンとの衝突が原因であるのに、貧しい者どもは、富裕層の財産を奪って分け前にあずかろうとこの機に乗じたのだ、という者までいた。では、反乱を起こした貧しい者とは、いったいだれだったのだろう？

奴隷のように売買された白人年季奉公人

ベーコンの反乱に加わった多数の白人たちは、ひどく貧しい下層階級に属していた。ほとんどがイギリスやヨーロッパの諸都市から、北アメリカへ渡ってきた者だった。出身地の政府は、彼らを追い出したいと思っていた。たとえばイギリスでは、土地法の改正によって多くの農民が貧困になり、都市には路上生活者があふれた。そのため、あらたな法律によって貧者は罰せられ、救貧院（労役場ともいわれ、労働を課す一方で自由を束縛《そくばく》した）へ閉じこめられるか、国外追放されることになった。こうして故郷を追われ、アメリカへ向かうしかなくなった者もいたが、逆に希望をいだき、進んでアメリカへ渡ろうとする者も現れた。アメリカではよい暮らしができるという、安請《やすう》け合《あ》いやうそを信じた者もいたのだ。

彼らの多くは、〝年季奉公人〟としてアメリカへ渡ることになった。五年もしくは七年間、主人のために働いてアメリカまでの渡航費用を返済する、という年季奉公契約をするのだ。その契約書にサインしたあとで逃亡しないように、船が出るまで監禁される者も多かった。

イギリスをはじめとするヨーロッパからアメリカへの航海には、八週間から一二週間を要した。海が荒れると旅はさらに長引き、食料不足に悩まされた。貧しい者たちは不衛生な船室にぎゅうぎゅう詰めにされて、大洋を横断するしかなかったのだ。しかも、全員が生きのびられたわけではない。一七五〇年ごろ、ドイツからアメリカへ渡った音楽家ゴットリーブ・ミッテルベルガーは、船旅の悲惨《ひさん》さをこう記している。

〈航海中の船内には、痛々しいまでにみじめな光景があふれていた――悪臭と汚れた空気、悪寒《おかん》に嘔吐《おうと》、さまざまな症状の船酔い、異様な興奮、下痢、頭痛、発熱に便秘、はれもの、壊血病、悪性のできものや口内の炎症……。おまけにこうした肉体的苦痛のうえに、食料不足、飢《う》えと渇《かわ》き、寒さや炎暑、湿気、恐怖、みじめさといらだち、悲嘆までが加わるのだ。われわれの乗った船がはげしい嵐に襲われた日、出産まぎわの女性が、こんな状況下で子どもを産むなどとんでもないと、船窓から海へ押し出されることまであった。〉

アメリカに到着するや、年季奉公人は奴隷のように売買された。一七七一年三月二八日づけの新聞《バージニア・ガゼット》はこう伝えている。〈約一〇〇人の、健康な男女及び子どもの奉公人を乗せたジャスティシア号、ただいま到着。四月二日火曜日、売り出し開始。〉

北アメリカへ渡ってきた者の半分以上は、奉公人としてやってきた。一七世紀には、ほとんどがイギリス人だったが、一八世紀になるとアイルランド人とドイツ人がとってかわった。そして多くの者が、植民地アメリカでの暮らしが、想像していたものよりひどいことに気づいた。なぐられたり、むちで打たれたりするのは日常茶飯事で、女の奉公人は暴行された。主人は、ほかにも彼らを支配する手段をもっていた。たとえばあらたにアメリカに渡ってきた者は、自分が逃亡中の奉公人でもなければ奴隷でもない自由民であることを、書類で証明しなければならなかった。また、各植民地政府のあいだでは、ある植民地から別の植民地へ逃げてきた奉公人は元の植民地へ引き渡すべし、という協定が結ばれていたのだ(のちにこれは、アメリカ合衆国憲法に組みこまれることになる)。

ところが、主人たちは、奉公人の反乱におびえて暮らしていた。ベーコンの反乱以降、将来の騒乱にそなえて、バージニアにはイギリス軍が置かれていたほどだ。当時の報告書はこう伝えている。〈現在のバージニアは貧しく、かつてないほど人が多い。〉この報告者は、衣類のような基本的な生活用品にも事欠く奉公人が、暴動を起こすのではないか、と多くの者が恐れている、ともつけ加えている。

反乱を起こすより、逃げるほうがかんたんだった。歴史家リチャード・モリスは著作『初期アメリカにおける政府と労働』のなかで、植民地の新聞を調べた結果、記事には白人奉公人の逃亡に関するものが多く、ときには集団逃亡まであったようだ、と書いている。ストライキを起こして、働こうとしない奉公人もいた。一六六三年、メリーランドのある主人は、自分の奉公人たちが〈いつもの労働〉をこばんでいると裁判所に訴え出た。奉公人側は、主人からは豆とパンしか与えられず、体が弱って働けないと反論したが、裁判所は奉公人たちに、むち打ち三〇回の刑をいい渡した。

やがて奉公人が逃亡するか、年季をつとめあげるようになると、かわって黒人奴隷が、奉公人のしてきた仕事を負わされるようになっていく。では、自由になったあと、奉公人たちはどうしたのだろう？　奮起して金持ちになり、土地も手に入れて有名になった、という景気のよい話も伝わっている。しかし、歴史家のアボット・スミスは著作『苦役に服した入植者』で、裕福で名の知られた植民地の人物のなかには、年季奉公人出身の者は一人もおらず、先祖が奉公人だった者が数人いるばかりだった、と報告している。

ひと握りの金持ちが多数の貧者を支配する社会

植民地時代に、階級の境界線ははっきりと固定され、富める者と貧しい者の差はますます広がっていった。一六三〇年、マサチューセッツ湾植民地が開かれたときの初代総督ジョン・ウィンスロップは、「いかなる時代でも、ある者は富み、ある者は貧しくあらねばならない」と述べたが、そこには、植民地の統治者の考え方がよく表れている。植民地を牛耳っていたのは、金と地位のある男たちだった。彼らは北アメリカ大陸に、イギリスとそっくり同じ社会を実現させることをもくろんでいた。それは、少数の者が、もっともよい土地と富の大半を支配する世界だった。

一八世紀、植民地アメリカは急速に発展する。一七〇〇年に二五万人だった人口は、六〇年には一五〇万人をこえた。農業、造船業、貿易が発達し、小規模な工場もふえた。ボストン、ニューヨーク、フィラデルフィア、チャールストンといった都市は、二倍、三倍と拡大していった。

このような発展をつうじて、上流階級が利得のほとんどを手にし、政治権力を握っていったのだ。たとえば一七七〇年のボストンでは、人口一パーセントの、もっとも裕福な財産家が、富の四四パーセントを独占していた。

金持ちの商人たちは大邸宅をかまえた。また、上流階級に属する人々は自画像を描かせ、大型の四輪馬車や輿《こし》に似た〝椅子《いす》かご〟を、奉公人や奴隷にかつがせて乗り回していた。一方、貧しい者は、極寒のなかで凍死しないように生きていくので精いっぱいだった。おまけに、貧者はふえつづけていた。一七三〇年代には、〈毎日路上をうろつくしかない、たくさんのこじきたち〉をどこかへ収容しろ、という声が高まってきた。

それぞれの都市には、夫を亡《な》くした女や老人、身体に故障のある者や孤児のために、貧民収容施設が建てられた。無職者ややってきたばかりの移民も収容されて、そうした施設はすぐに満員となった。一七四八年、フィラデルフィアの一市民はこう記している。〈この冬、街にはなんと物ごいの数がふえたことだろう。〉九年後にはボストンの役人が、家族に食べる物も与えられない〈きわめて多数の貧者〉がいる、と報告している。

これまでの植民地史の研究では、入植者たちは、イギリスという外部的な敵に対抗するために一致団結していた、とされていた。しかし、奴隷対自由民、奉公人対主人、小作人対地主、貧しき者対富める者というように、内部では多くの対立があった。そして、対立する者のあいだでは、衝突が起きていたのだ。

一七一三年、ボストンはひどい食料不足に見舞われた。ところがアンドリュー・ベルチャーという金持ちの商人は、街の人々が飢《う》えているにもかかわらず、もうけがより多いという理由で、カリブ海諸島へ穀物を輸出していた。二〇〇人の市民が暴徒化し、食料を求めてベルチャーの倉庫へ押し入り、止めに入った植民地副総督を撃ち殺した。これに続き、やはりボストン市民からなる別の群衆が、保安官をたたきのめして総督の邸宅をとりかこみ、むりやり海軍に入らせる強制徴募に抗議した。一七四七年には、貧しい市民たちは、裕福な商人であり植民地官吏でもあるトマス・ハッチンソンに差別されている、と感じるようになっていた。ハッチンソンの屋敷が、集まった見物人のはやしたてるなか、原因不明の火事で焼け落ちたのは、そんな状況下でのことだった。

一七四〇年代から五〇年代にかけてのニュージャージーでは、貧しい農民と裕福な地主とが衝突した。どちらもその土地は自分のものであるとゆずらなかったが、地主が地代を請求したことを機に、農民が立ちあがったのだ。この時期、イギリスはいくつもの戦争を戦い、植民地の少数の造船業者と商人に富をもたらしていた。しかし、大部分の入植者にとって、イギリスのする戦争は高い税金と失業、貧困を招くばかりだった。同時に彼らは、裕福で権力をもった人々に対しても、怒りをつのらせていった。

黒人奴隷と貧困白人《プア・ホワイト》の団結をはばむために利用された人種差別

一七六〇年代までに、北アメリカ植民地を支配する富裕なイギリス人指導者は、三つの大きな恐怖をいだくようになっていた。それは、インディアンからの敵意、奴隷暴動、貧困白人《プア・ホワイト》からの上流階級へのはげしい怒りに対する恐怖である。では、もしもインディアン、奴隷、貧困白人という三つの集団が手を結んだら、どうなっていただろう？

植民地の統治者はベーコンの反乱によって、辺境《フロンティア》近くに住んでいる白人を怒らせてまで、インディアンを放置しておくのは危険だ、ということを学んだ。むしろインディアンに戦争をしかけ、白人の支持をとりつけたほうが得策である、と気づいたのだ。そのうえ、貧しい白人をインディアンと戦わせれば、富者と貧者のあいだで起きるかもしれない階級闘争も防げるはずだ、と。

では、黒人奴隷がインディアンと団結して、白人に抵抗する可能性はどうだったのだろう？こちらは現実的な脅威になっていた。一七五〇年代の南北カロライナでは、白人人口が二万五〇〇〇人だったのに対し、黒人奴隷は四万人、インディアンは六万人だった。当局は、黒人とインディアンとを衝突させようと考えた。インディアンを買収して逃亡した黒人奴隷を引き渡させ、かたや自由な黒人がインディアンの領土を旅行することを、法律で禁じたのだ。このため、インディアンの村では多くの逃亡奴隷がかくまわれていたのに、黒人とインディアンが大規模に手を結ぶことは一度もなかった。

しかし、南部の裕福な大農園主がもっとも恐れていたのは、黒人奴隷と貧困白人《プア・ホワイト》とが結束して、第二のベーコンの反乱を起こすことだった。そこで白人と黒人とが手を組むのを阻止する方法の一つとして、人種差別主義が使われることになったのだ。先述したエドマンド・モーガンはその著作『アメリカの奴隷制とアメリカの自由』で、人種差別は、黒人と白人のちがいからもたらされる〈自然な〉感情ではなかった、と書いている。いや、むしろ、白人指導者が、黒人への否定的な見方をことさら強調したためである、と。もしも貧しい白人が黒人を見さげていたとしたら、両者が協力して反乱を起こす恐れを心配する必要など、そもそもなかったはずなのだ。

植民地の発展につれて、支配階級はあらたな統制方法を見いだした。きわめて富める層とひどく貧しい層とともに、アメリカ社会には、白人の中産階級が成長してきていた。それは小規模な農園主、独立した自営農民、都市や町の職人からなる集団だった。この中産階級の者たちを、上流階級である裕福な商人や大農園主の味方にできれば、彼らは辺境《フロンティア》のインディアンや黒人奴隷、貧しい白人に対するしっかりとした盾になるだろう、と支配者たちは考えたのだ。

ただし、上流階級としては、中産階級に忠誠を誓わせなければならない。そのためには、中産階級を引きつけるようなものをさし出す必要があるわけだが、自分たちの富や権力をそこなうことなく、そうする方法はあるだろうか？　一七六〇年代から七〇年代にかけて、支配者たちはまさにぴったりな道具を見つけ出した。それは、〈自由と平等〉という合言葉だった。この言葉が、イギリスに反旗をひるがえすのに充分なだけの、上流階級と中産階級の白人を団結させていくことになる――しかも、奴隷制も社会的不平等もおわらせることなく。

第4章

「建国の父」たちの素顔

一七七六年ごろ、イギリス統治下にあった北アメリカ植民地の指導者たちは、あることに気づいた。〝アメリカ合衆国〟という名の一つの国家、一個のシンボルをつくり出せれば、それまでイギリス代表として植民地を治めてきた者たちの土地と富と政治権力は、自分たちが引き継げるのではないかと。

こう考えてみると、アメリカ独立革命とは、まさしく画期的な作品だったことがわかる。いわゆる〝建国の父〟たちが考案した国民を統制する新しいシステムは、二〇〇年以上たっても、きわめてうまく機能しているのだから。

当時は、社会を安定させることが切実に求められていた。植民地アメリカは、不満でわき返っていたのだ。一七六〇年代までに、各地にある植民地政府の一つか、それ以上の転覆をねらった暴動は、一八件起きていた。サウスカロライナからニューヨークのあいだでは、黒人による暴動が六件、黒人以外による暴動は四〇件にのぼっていた。

ところで一七六〇年代までに、各植民地には〝エリート〟と呼ばれる者たちが出現していた。彼らは地元の都市や町、あるいは植民地政府の政治的、社会的指導者であり、大半が弁護士や医師、作家といった教養ある職業についていて、その意見はおおいに尊重されていた。なかには、総督や収税吏など、イギリス帝国を代表する役人へ近づいていくエリートもいた。逆に、政治にかかわらないエリートもいたが、それでも一般の人々から一目置かれる存在だった。

こうした地方エリートたちは、増加の一途をたどる暴動に困惑していた。もしも植民地社会の秩序が引っくり返されたら、自分たちの財産や地位もそこなわれるのではないか、と内心恐れていたのだ。そこで彼らは、自身の財産と社会的地位を守る方法を考え出した。入植者たちの反抗的なエネルギーを、イギリス本国やイギリスからきている役人へぶつけることはできないだろうか？　これは明確な計画ではなかったが、かといって単なる思いつきでもなかった。そして、さまざまな危機にさらされていく数年のあいだに、この考えはじょじょに具体的な形をとるようになっていくのだ。

広がる貧富の差と暴徒

オーストリアの王位継承をめぐって一七五六年からはじまった、オーストリア、フランス、ロシア対プロイセン、イギリスのいわゆる〝七年戦争〟は六三年に終結し、イギリスはフランスに勝利した。これで北アメリカのイギリス植民地は、もはやフランスにおびやかされることはなくなったのだ（七年戦争は北アメリカにおける最終的な植民地争奪戦となったが、フランスはインディアンの連合軍と組んだため、アメリカでは〝フレンチ・インディアン戦争〟と呼ばれていた）。だがこの戦争のあと、イギリス政府は植民地アメリカへの統制を強める。アメリカの利用価値が、それだけ高かったからだ。戦費の支払いにあてるため、植民地に課税する必要があったうえ、アメリカとの貿易で、イギリス帝国には毎年大きな利益がもたらされていたのである。

ところが、当のアメリカでは、ますます失業と貧困がふえていた。貧しい人々が街頭をうろつき、物ごいをしていた。同時に、もっとも富裕な者たちは、今日の数百万ドルに匹敵する財産を独占するようになっていた。多数のきわめて貧しい者とともに、少数のきわめて裕福な者も出現していたのだ。

生活苦のため、入植者のなかにはいらだちをつのらせ、反抗する者も出てきた。大多数が暮らしていた農村地帯では、貧者と富者が衝突した。一七四〇年代から六〇年代にかけて、ニューヨークやニュージャージーでは、小作人が地主に対して、暴動や一揆《いっき》をくわだてた。

一七六六年には、ノースカロライナの白人農民が自警団員《レギュレーター》を名乗り、抗議集団を結成した。彼らは、自分たちは貧しい小作人にして肉体労働者であるとともに、不公平な政治しかしない金持ちの役人に対し、一般の人々の声を代弁する者である、と主張した。レギュレーターは高い税金に怒っていた。また、借金の取り立てのため、貧しい者を裁判所へ引き出そうとする弁護士や商人にも憤《いきどお》っていた。レギュレーターが税の徴収をはばもうと決起するや、植民地総督は軍を送りこんできた。一七七一年五月、レギュレーター数千人は、大砲で武装した民兵に打ちくだかれ、六人が絞首刑にされた。

ボストンでは、下層階級が町民議会《タウンミーティング》を利用して、不満を表明しはじめていた。マサチューセッツのある総督は、ボストンでは貧者と一般庶民がつねにタウンミーティングに出席しており、その数は〈紳士《ジェントルマン》〉や政治的指導者層と親しいボストンの名士を、票数で上回るほどだと書いている。

ボストンでは、重大なことが起きつつあったのだ。先導者はジェームズ・オーティス、サミュエル・アダムズら、エリートに属する地方名士だったが、イギリス寄りの政治グループには入っておらず、貧しいボストン市民の感情に気づいていた。そこで彼らは、強烈な演説や印刷物をとおして怒りをあおり、行動を起こせ、と下層階級へ呼びかけたのだ。

一七六五年、イギリス政府が印紙税法（北アメリカ植民地で発行する公文書、証書、新聞などに収入印紙を貼《は》ることを義務づけた税法）を成立させたとき、ボストン市民は、その行動力を見せつけることになる。印紙税法は、七年戦争にかかったイギリスの戦費をまかなうため、植民地アメリカにかつてなく重い税金を課すものだった。戦争中にすでに苦しめられていた植民地の人々には、さらに税金を払う気などなかった。市民は暴徒化して、金持ちの商人や、イギリス代表として植民地を統治していたトマス・ハッチンソンの邸宅を破壊した。さらにはハッチンソンの家を斧《おの》でたたきこわし、略奪したワインを飲み、家具や持ち物を運び去った。

植民地政府の役人は、ハッチンソン邸の破壊は富裕層への襲撃計画の一端にすぎない、とイギリス政府へ報告した。それは、〈富者と貧者の格差をなくし、万人を平等にしようとする略奪戦争〉へ発展しつつあったのだ。ところが、ジェームズ・オーティスら地元エリートは、暴力を爆発させた市民の行動にいい顔をしなかった。彼らは貧しい者たちの階級的な怒りを、自身をふくむ富裕層全般にではなく、イギリスにへつらう金持ちに対してだけ向けさせたかったのだ。

また、ボストンでは、商人、船主、職人の親方からなるグループが〝忠誠なる九人《ロイヤル・ナイン》〟という政治集団をつくり、印紙税法に抗議するデモ行進を計画した。メンバーは上流階級か中産階級に属していたが、造船労働者、見習い、一般の職人のような下層階級の人々にも、自分たちの抗議運動に加わるように呼びかけた（黒人はふくまれていなかった）。二〇〇〇人から三〇〇〇人のボストン市民が、地元役人の邸宅のまわりをデモ行進した。ところが、この運動を計画した九人の〈ジェントルマンたち〉が去ってから、群衆はさらに行動をエスカレートさせ、その役人の財産を破壊しはじめたのだ。のちにロイヤル・ナインは、暴力はまちがっている、と発言して市民の行動を非難し、彼らとの関係をいっさい断ってしまった。

次にイギリス政府が植民地に課税しようとしたとき、地元エリートたちはふたたびデモ行進を呼びかけた。しかし、サミュエル・アダムズ、ジェームズ・オーティスなどの指導者たちは、今度はこう釘を刺すのを忘れなかった。「群衆になるな。騒ぎを起こすな。暴力ざたは不要である」

彼らはボストン市民に、イギリス政府に対する怒りを表明させたかっただけで、〈自分たちの身と財産〉の安泰は守りたかったのだ。

高まる反イギリス感情と、既得権を守りたい指導者たち

時の経過とともに、反イギリス感情は高まっていった。一七六八年以降、ボストンには二〇〇〇名のイギリス兵が宿営していた。仕事がへって俸給が少なくなってくると、兵士たちは地元の労働者から働き口を奪いはじめた。一七七〇年三月五日、労働者とイギリス兵とが衝突し、事態はボストン虐殺《ぎゃくさつ》事件と呼ばれる騒乱へと発展する。

イギリス兵がデモ行進中の人々に発砲、最初にクリスパス・アタックスという混血の労働者が銃弾にたおれ、ついでほかの者も殺された。のちの裁判では、地元の法律家ジョン・アダム

ズが、イギリス兵八名の弁護に回った（ジョン・アダムズはサミュエル・アダムズと親戚《しんせき》関係にあり、のちに第二代アメリカ大統領になる）。アダムズは、事件現場にいた群衆を「ごたまぜの烏合《うごう》の衆」と、軽蔑的《けいべつてき》に呼んだ。兵士二名は除隊させられたものの、残る六名は無罪になった。この判決に、ボストン市民はますます怒りの火を燃やし、イギリスは事態を鎮《しず》めようと、ボストンから兵を引きあげさせた。

それでも、人々の怒りはおさまらなかった。ボストンの政治的、社会的指導者たちが、イギリスへの反対運動を組織するために、連絡委員会を結成した。この委員会の計画した抗議行動の一つが、一七七三年のボストン茶会事件である。茶税法（東インド会社に植民地アメリカに対する茶貿易の独占権を与える法）に反対するボストン市民が、イギリスの船から茶箱を奪い、ボストン港へ投げ捨てたのだ。

イギリスは、ボストン茶会事件への回答として、よりきびしい法律を課した。その強制的な諸法によって、イギリス政府はボストン港を閉鎖し、植民地政府から権限をとりあげ、軍隊を送りこんできた。ボストン市民は大規模な集会を開いて、抗議した。

ところで、ボストン以外の植民地はどんな様子だったのだろう？　バージニアでも、高等教育を受けたエリートたちが、下層階級の怒りの矛先をイギリスへ向けようとしていた。そしてバージニアの人々は、パトリック・ヘンリーの弁舌の才に、道を見いだしたのだ。ヘンリーは、なぜ入植者はイギリス政府を糾弾《きゅうだん》しなければならないかを、人をふるい立たせるような口調で説く一方、入植者のあいだで、階級的な対立が起きないように配慮していた。人々の愛国心は、ヘンリーの言葉によって鼓舞《こぶ》され、イギリスに対する反感はふくらんでいくばかりだった。

さらには、もっと魅力的な言葉が発せられ、人々の気持ちは抗議運動から独立へと向けられていく。一七七六年、トマス・ペインの小冊子『コモン・センス』が出版されたのだ。それは、植民地アメリカはイギリスの支配から解放されるべきである、と大胆にうたった最初の書物だった。イギリスにしがみついていても、植民地アメリカに益はないし、イギリスから離れたとしてもなんの損もない、とペインは説いた。そしてイギリスによって引きずりこまれたすべての戦争、そうした戦争でこうむった苦しみや戦費の重さを人々に思い出させて、最後に力強くこう結んだのだ。

〈正しきもの、理にかなったあらゆるものが、イギリスからの分離を訴えている。殺された者たちの血、そして自然の悲鳴が嘆願しているのだ――いまこそ独立せよ、と。〉

『コモン・センス』は、植民地アメリカでたいへんな人気を博した。だが、ジョン・アダムズのようなエリートたちは警戒していた。彼ら指導者層は、イギリスからの独立という愛国的な大義には賛成していたものの、民主制《デモクラシー》の方向へ極端に傾くことまでは望んでいなかった。一般大衆はせっかちで、おろかな判断をするものだから、人民による政治には制限をもうけるべきだ、と考えていたのだ。

トマス・ペインはエリート層には属していなかった。イギリスからやってきた、貧しい移民だった。ところがいざ独立革命がはじまるや、下層階級の集団行動とは距離をおくようになる。それでもなお、『コモン・センス』で述べられたペインの言葉は、独立革命の神話の一つ――独立革命とは一致団結した人民による運動だった――となったのだ。

平等をうたう『独立宣言』の奥にひそむもの

イギリス政府からの、万事にわたるきびしい締めつけに、アメリカの人々はますます反抗心をつのらせていった。一七七四年、植民地のリーダーたちは大陸会議を立ちあげた。これは非合法な政治団体だったが、独立政府の基礎となっていく。

一七七五年四月、コンコードとレキシントンで植民地側の軍とイギリス軍が衝突し、いわゆるアメリカ独立戦争がはじまった。これを受けて、大陸会議はイギリス帝国からの分離を決定する。トマス・ジェファーソンが『独立宣言』を起草し、それは一七七六年七月二日、大陸会議で採択されて、二日後の七月四日に公布された。

どの植民地でも、独立の気運はすでに力強く高まっていた。そんな気運に形を与えたのが、『独立宣言』の冒頭の言葉である。

〈われわれは次のような真理を自明のものと考える。すなわち、すべての人間は平等につくられ、創造主により、ゆずり渡すことのできない一定の権利を与えられており、その権利には、生命、自由、幸福の追求がふくまれている。また、これらの権利を確保するため、人々のあいだで政府をつくり、その政府には被治者の合意で、正当な権力が授けられる。そして、いかなる形態の政府であっても、その目的を踏みにじるときにはいつでも、その政府を改変もしくは廃止して新しい政府を設立することは……人々の権利である。〉

ついで『独立宣言』は、イギリス国王の不正義や横暴な行為を次々と並べたてていった。そして国王の支配を圧政、つまり暴力による不公正な統治であると非難したうえで、みずから政府をつくるように、アメリカの人々へ呼びかけたのだ。宣言の内容は彼らに、イギリスからしいられた負担や苦難を思い起こさせた。しかも、使われている言葉は、さまざまな集団からなる人々を団結させるのに、いかにもふさわしいものだった。互いに反目している者たちの気持ちさえ、イギリスへの敵意として一つにまとめる力をもっていたのだ。

しかし、この宣言が訴えかける対象には、インディアン、黒人奴隷、そして女性はふくまれていなかった。インディアンとの関係は、このちょうど二〇年前に、マサチューセッツの植民地政府が、彼らを〈反逆者にして敵、裏切り者〉と呼び、インディアンの頭皮をはいでもってきた者に賞金を出すほど、悪化していた。

黒人奴隷は、宣言の起草者にとって悩みの種だった。当初、ジェファーソンの原稿には、アメリカへ奴隷を送りこんできたイギリス国王と、奴隷貿易を禁止しなかった植民地政府への非難とが書かれていた。おそらく、奴隷制に対する良心のとがめから、そうした表現が出てきたのだろう。あるいは、奴隷の反乱を恐れてのことだったかもしれない。しかし、大陸会議は、宣言からその部分を削除した。植民地の奴隷所有者のあいだでは、奴隷制をやめるべきかどうか、意見が一致しなかったからだ。そのため、わずかにしろ、奴隷にされた黒人への配慮の感じられるジェファーソンの言葉は、自由の表明である宣言から消されてしまったのだ。

また、宣言は〈すべての人間《メン》は平等につくられ〉ている、とうたっている。おそらくジェファーソンは、女性《ウィメン》という言葉をさけようとして、意図的に男性《メン》という単語を使ったわけではないだろう。ただ彼は、そもそも女性は関係ない、と考えていただけなのだ。政治の世界では、女性は目に見えない存在だった。女性には政治的権利は一つもなく、平等を求める主張もできなかった。

使われている言葉を見ればわかるように、『独立宣言』は生命、自由、幸福の追求をする権利をもつ者を白人男性に限っていたのだ。といっても、宣言の起草者や署名者たちが、特殊な人間だったわけではない。こうした見解は、当時の一般的な考えの反映にすぎなかった。

人道的な誤りをあげつらおうとして、『独立宣言』を見てはならない。宣言がアメリカ人のある集団に行動を起こせ、と呼びかけながらも、別の集団については無視していた、ということに気づくべきなのだ。ある大義に対し、多くの支持をとりつけたいときには、人の心を高揚させるような言葉が使われるものだが、一方で、同じその言葉が、人々のあいだの深刻な利害対立を隠したり、残る多数の人々を切り捨ててしまうということは、現代においても起きていることなのである。

『独立宣言』の背後には、イギリスを打ち破ることについて、一般大衆から充分な賛同をとっておきたいという、植民地のリーダーたちのおもわくが隠されていた。同時に彼らは、富と権力に関しては、すでに定着している秩序をあまりかき回されたくないとも思っていた。実際に、宣言をつくった者たちは、そういう確立された階級に属していた。宣言に署名した者の、じつに三分の二以上が、イギリス統治下の植民地政府の役人だったのだ。

ボストンの市庁舎《タウンホール》では、トマス・クラフツという男が、熱烈な言葉でつづられた『独立宣言』を読みあげていた。クラフツは、イギリスに対するボストン市民の暴力的な抗議に背を向けた、あの〝忠誠なる九人《ロイヤル・ナイン》〟の一人だった。

四日後、ボストンの連絡委員会は、徴兵に応じて、あらたにもうけられた独立革命軍に参加するように人々に呼びかけた。ところが、富裕層は徴兵をまぬがれていたことが、のちに判明する。彼らは金を払って、代理の者を軍に入れることができた。だが、貧しい者は入隊するしかなかった。その結果、徴兵暴動が起き、人々は叫んだのだ。「だれがやるにしろ、圧政は圧政じゃないか！」

第5章

合衆国憲法は本当に画期的だったのか?

アメリカ独立戦争は、イギリス帝国と、北アメリカ大陸の植民地アメリカとのあいだで戦われた。ところが、この戦争中には、別の革命的な反乱も起きていた。兵士が上官にいどみ、インディアンは古くからの敵と手を結び、マサチューセッツの貧農は武器をとって、できたばかりのアメリカ政府へ立ち向かっていったのである。

独立戦争が植民地のリーダーの懐《ふところ》をさらに潤《うるお》わせた

ボストン虐殺《ぎゃくさつ》事件で市民に発砲した兵士を弁護した法律家ジョン・アダムズは、独立戦争は、植民地の人々の三分の一にしか支持されていなかった、としていた。しかし、独立革命軍を研究している現代の歴史家ジョン・シャイは、積極的にイギリスに反旗をひるがえしたのは総人口の五分の一だった、とみている。

ところで、植民地では、白人男性のほとんど全員が銃を所持し、使うことができた。独立革命の指導者たちは、貧者からなる群衆を信用していなかったものの、イギリス軍を打ち破るには、彼らの助けが不可欠だとは気づいていた。では、指導者はどうやって、さらに多くの人々に自分たちの大義を支持させたのだろう？　支持をえる方法の一つは、兵役に対して報酬《ほうしゅう》を出すことだった。下層階級の男たちは、軍隊で昇進していくらか金をかせぐこと、そして社会での出世を夢見て、入隊した。

歴史家シャイは、独立戦争で〈実際の戦闘と苦難をおおいに体験した〉のは貧しい者たちだった、と述べている。全員が志願兵だったわけではない。独立戦争のわずか数年前に、入植者たちは、イギリス本国による強制徴募、つまり海軍への強制入隊に対して、抗議行動を起こしていた。しかし、独立戦争さなかの一七七九年まで、アメリカの海軍も同じことをしていたのだ。

独立革命軍はバンカーヒル、ブルックリン・ハイツといった、初期の戦闘では敗れたものの、トレントンとプリンストンの小さな戦いで勝ち、一七七七年には、ニューヨークのサラトガの大戦闘で勝利した。ペンシルバニアのフォージュ渓谷《けいこく》で、ジョージ・ワシントンの軍が寒さにこごえながら越冬していたころ、パリに駐在していた駐仏大使ベンジャミン・フランクリンは、フランス軍の支持をうまくとりつけた。七年戦争でイギリスに敗北していたフランスは、復《ふく》讐《しゅう》の機会に飢《う》えており、アメリカに味方することを承知したのだ。

戦場は南部へと移り、イギリス軍が勝利を重ねるなか、一七八一年、バージニアのヨークタウンで、イギリス軍と独立革命軍がぶつかった。フランスからの多数の援軍と、フランス海軍がイギリス側の人員と物資の補給線を封鎖したおかげで、ついにはアメリカが勝利をおさめ、独立戦争はおわった。

じつはこの戦争のあいだじゅう、富めるアメリカ人と貧しいアメリカ人もまた衝突していたのだ。富裕層は、植民地を治める大陸会議を支配していた。彼らは結婚や家族のつながり、また事業によって関係を結び、互いの利益をはかっていた。

大陸会議は、終戦時まで軍務についていた将校には生涯、俸給の半分を与えることを決定した。しかし、これは俸給の支払いを受けていない一般兵を無視するものだった。一七八一年一月一日、ペンシルバニア軍の兵士たちが上官にそむく抗命事件を起こす。彼らは一人の大尉を殺し、ほかの者を負傷させ、フィラデルフィアに置かれた大陸会議の会議場まで、大砲を引いて進んだ。独立革命軍の総司令官だったジョージ・ワシントンは、この反乱兵たちを寛大に扱った。

その直後にニュージャージーで起きた抗命事件に対しては、ワシントンはきびしい態度でのぞんだ。首謀者二人を、反乱兵の同志からなる銃殺隊に撃ち殺させたのだ。銃殺兵は泣きながら引き金を引いた。「見せしめだ」とワシントンはいったという。

兵士によるこうした反抗はまれだったが、軍に入っていない市民にとって、反乱を起こすことはたやすかった。独立革命軍がイギリスと戦っているあいだでさえ、六つの植民地で、市民が暴動を起こしていたのだ。

南部の植民地に住む下層階級の者たちは、独立革命軍に参加する気はなかった。自分たちはそんな戦いとは無関係だ、植民地がイギリスから独立しようとしまいと、政治エリートに支配されることに変わりはないのだ、とわかっていたのだ。

ワシントンの部下である将軍ナサナエル・グリーンは南部での戦闘中、トマス・ジェファーソンあてに書簡を送った。その手紙でグリーンは、まだイギリスへ忠誠心をいだいている〝国王派〟への自軍の戦いぶりについて、〈一〇〇人以上の敵を殺し、残りの大半は切りきざんでやりました〉と書いている。そして、このような奮闘は、独立戦争を積極的に支持しようとしない南部の人々に、〈めざましい影響〉を与えた、と続けた。

また戦時中に、小作人は脅威の存在となっていた。小作農は、広大な土地を所有する地主に地代を払っていた。しかし、彼らが地代の支払いをやめたとき、独立革命政府は、小作人が蜂《ほう》起《き》するのではないか、とあやぶんだ。そこで、政府は国王派から土地をとりあげ、そのいくらかを小作人へ売り渡した。農民はあらたに土地所有者となって、地代を払う必要はなくなったものの、今度は土地を買うために借りた金を、銀行へ返さなくてはならなくなった。

国王派からとりあげた財産の大半は、独立革命軍の指導者やその友人の懐《ふところ》を潤《うるお》わせた。独立革命はイギリスに忠義だった者から権力と財産を奪いとる機会を、植民地のリーダーに与えたのだ。そしてこの戦争は、小規模な土地所有者にもいくらか恩恵を与えたものの、大多数の貧しい白人労働者や小作農には、ほとんどなんの益ももたらさなかった。

依然として居場所のないインディアンと、拡大する南部の奴隷制

一七五六年から始まった七年戦争では、北アメリカ大陸のインディアンの多くが、フランス側について戦った。フランス人は交易をするだけで、インディアンの土地を奪おうとはしなかったが、イギリス人は、彼らの住んでいる土地をほしがっていたのだ。

七年戦争がおわると、敗れたフランスはインディアンとの従前の関係を無視し、オハイオ渓《けい》谷《こく》にあるフランスの領土をイギリスへ譲渡した。その付近に住んでいたインディアンが、イギリスの砦《とりで》を攻めた。イギリス軍は戦法の一つとして、いわゆる細菌戦をとった。病院からもち出した毛布をインディアンに渡し、部族のあいだに、死の病である天然痘をはやらせたのだ。

それでも、インディアンの戦闘意欲をくじくことはできず、一七六三年に両者は和睦《わぼく》した。イギリスは、アパラチア山脈西部の土地はインディアンのものであることを認めると同時に、アメリカの人々の入植も禁じた。そのため入植者たちは怒り、アメリカがイギリスに反旗をひ

るがえす理由をさらにふやしてしまった。またこのことは、なぜ多くのインディアンが独立戦争では、七年戦争時の敵だったイギリス側に味方したかの理由をも説明する。アメリカの勝利で戦争がおわれば、アメリカ政府は住みなれた土地から自分たちを追い出し、抵抗すれば殺すつもりだろう、とインディアンは考えていたのだ。

黒人奴隷もまた、イギリス側、あるいは植民地側について戦った。自由を求める黒人には、進んで独立革命軍への入隊を申し出る者もいたが、ジョージ・ワシントンは当初これをはねつけた。しかし、結局は約五〇〇〇人の黒人が独立革命軍に加わり、それを上回る数の黒人がイギリス軍についた。

また、独立戦争により、黒人は自分たちの要求を白人社会へ訴える機会もえた。たとえば一七八〇年には、マサチューセッツの七人の黒人が、自分たちに投票権を与えるように議会に申し立てた。彼らは、アメリカ人はいままさに自治という権利をえようと戦っている、〈われわれと同じ肌の色をした〉者が多数、独立という大義のために戦っているのだ、と議員に訴えたのだ。

独立戦争ののち、北部諸州で奴隷制は廃止された。しかし、完全な廃止には歳月を要した。一八一〇年の北部では、約三万人がまだ奴隷状態にあった。四〇年になっても、やはり一〇〇

○人が奴隷だった。ところが南部、とりわけさらに南の低南部では、コメと綿花のプランテーションが発達し、奴隷制はますます拡大していくのだ。

富める指導者に対して蜂起《ほうき》した貧しい労働者たち

独立革命期までに、アメリカ植民地にはすでに一定のパターンができあがっていた。インディアンは新しい社会には居場所がなく、黒人は白人と同等には扱われず、権力と財産をもった白人が万事を決定する、というものだ。戦争がおわるや、独立革命軍の指導者たちは、このパターンを新しい国家の法律に組み入れることにした。

一七八七年、アメリカ合衆国憲法の起草のため、指導者の一団がペンシルバニアのフィラデルフィアに集合した。内心彼らは、反乱が起きるかもしれないと不安がっていた。その前年に、シェイズの反乱と呼ばれる農民一揆《いっき》があり、マサチューセッツ西部は戦場と化していたからだ。

じつはマサチューセッツは、州法で選挙権をえるのに必要な財産資格を引きあげていた。そのため、かなり広い土地の所有者でないと、投票できなくなっていたのだ。おまけに、政府の役職はきわめて裕福な者に独占されていた。借金を返すこともままならない農民は、政府は自分たちにはなにもしてくれない、と憤慨《ふんがい》していたのだ。

プラウ・ジョガーという農民は、自分が政府からいかにむごく扱われたか、それに対してどうしたいかについて、ある会合でこう話したという。

〈おれはまったくひどい目にあわされている。戦争では、本来の任務以上のことまでむりにやらされて、いまでは身分別の税金にタウンの税金、地方の税金にアメリカの税金と、なんにでも税金をかけられている。うちの牛まで、保安官や警官や収税人にとられて買いたたかれ、ひどい安値で手放すことになった。おえらいさんたちは、おれたちのもっているものを、一切合財《いっさいがっさい》とりあげたいらしい。こっちもそろそろ立ちあがり、好きかってをやめさせるときじゃないだろうか。裁判所も保安官も収税人も弁護士も、みんな関係ないんだ。〉

不満をいだく農民のなかには、独立革命軍の復員者もいた。植民地の大義のために戦ったのに、戦争がおわっても、彼らは俸給を現金で受けとれなかった。借金があったにもかかわらず、手元に金はなかったのだ。そうした者から家畜や土地をとりあげる判決がいくつも出されたとき、マサチューセッツの農民たちが立ちあがった。多数で武装して裁判所の階段まで行進し、判決を出させまいと裁判を妨害した。さらには刑務所へ押し入り、閉じこめられていた負債者まで解放したのだ。

マサチューセッツの統治者は動揺した。かつてイギリス政府への反対運動を指揮していたボストンのサミュエル・アダムズも、「法に触れないように行動せよ」と人々へ呼びかけた。それに対してグリニッチという町の住民は、こう応じたという。「ボストンのあなたには金があるが、われわれにはない。独立革命のときには、あなたも法に触れることをしていたのではないか？」

ダニエル・シェイズは、マサチューセッツの農場で働く貧しい労働者だった。独立戦争がはじまると軍に入隊し、レキシントン、バンカーヒル、サラトガで戦った。俸給が支払われなかったため除隊して故郷のマサチューセッツへもどったが、すぐに借金の未払いを理由として、法廷へ呼び出された。ほかの者も同じような目にあっていることに、彼は気づいた。病気で金を払えなかった女性は、臥《ふ》せっていたベッドまで没収されていたのだ。

マサチューセッツ最高裁判所が、裁判所へ殺到した農民たちのリーダーを起訴したとき、ついにシェイズは農民七〇〇人を集めて、武装させた。その大半が退役軍人だった。兵器庫のあるスプリングフィールドとボストンの裁判所へ行進していくうちに、参加者はさらにふえた。判事たちは、すぐに裁判を切りあげた。

シェイズら農民たちは、その後も各地の裁判所に圧力をかけつづけたが、冬に入り、裁判所への道は雪にはばまれるようになってきた。シェイズが一〇〇〇人を引き連れてボストンへ向かったときには、猛吹雪《もうふぶき》のために退却を余儀なくされ、一人が凍死した。同じころ、ボストンの商人が資金をつのり、この反乱を平定させるために軍を雇った。多勢に無勢で、シェイズたちは敗走した。シェイズはバーモントへ避難したものの、部下のなかには降伏する者もいた。戦って死ぬ者も数人いたし、納屋《なや》の焼き討ちや相手方の将軍の馬を殺すなど、当局に対して、破れかぶれの行動に出る者もいた。

逮捕された者たちは裁判にかけられた。シェイズもその一人で、のちに恩赦《おんしゃ》を受けたものの、一二人が死刑宣告を受けた。サミュエル・アダムズは、自分がイギリス国王に対してとった抵抗と、今回の農民たちの一揆《いっき》とはまったく別物だ、と発言した。国王への反逆行為には赦免《しゃめん》の余地があっても、「共和制国家の法律にあえてはむかう者は、死刑に値《あたい》する」といったのである。

トマス・ジェファーソンはちがう意見をもっていた。この程度の蜂起《ほうき》は、社会にとってむしろ健全である、と考えたのだ。ジェファーソンは書いている。〈時折ささやかな反乱が起きるのは、わたしにはよいことに思われる。健全な政府のためには、欠くべからざる薬となるからだ。〉

しかし、新しい国の政治的、経済的リーダーたちは、ジェファーソンの考えに賛成ではなかった。反乱が各地に広がり、貧しい者が富裕層に対して財産を分配しろ、と求めてくることを恐れていた。アメリカ合衆国憲法の起草者の心のうちには、こうした恐怖があったのである。

裕福なエリート層のためのアメリカ合衆国憲法

多くのアメリカ人は、この国の憲法を、民主主義と平等という法的枠組を考え出した、賢明な人々の総意による天才的な傑作だ、と考えてきた。しかし、ちがった考え方もある。

一九三五年に、歴史家チャールズ・ビアードは、ある人々を憤慨《ふんがい》させるような見解を世に示した。憲法を起草した五五人について研究し、大半が富裕層であることをおおやけにしたのだ。また、その半数は貸し金業をいとなんでおり、法律家も多数ふくまれていたという。つまり憲法起草者には、自分たちの経済的支えである社会構造を守ってくれる、強力な中央政府をつくり出す必要性があったのだ。またビアードは、女性、奴隷、年季奉公人、そして財産のない貧しい者を代表する人々が、起草に加わっていない点も指摘している。アメリカ合衆国憲法は、こうした集団の利益は考えていなかったのだ。

当時の憲法では、州議会がその州を代表する連邦議会の上院議員を選出する、と定めていた。また、州議会は大統領を選ぶ選挙人を選ぶ権限も有していた。そうして選ばれた大統領が、最高裁判所判事を任命する。つまり国民が直接選ぶことができるのは、下院議員のみだったのだ。しかも、その下院議員選挙においてさえ、各州は独自に選挙資格を定められると規定していた。女性、インディアン、奴隷に投票資格はなかった。さらには、ほとんどすべての州で、財産のない男性にも投票権は与えられなかった。

ところが、アメリカ民主制の問題点は、憲法上の投票権制限よりもっと深いところにあった。それは、社会が富者層と貧者層とに引きさかれている、という点にあったのだ。少数の者だけが莫大《ばくだい》な富と影響力をもち、土地、財貨、新聞、教会、教育施設などを所有し、支配している。そんな権力構造へ、投票権だけで切りこんでいけるはずがなかった。

各州が憲法を批准《ひじゅん》するときがきた。憲法の制定には、憲法の内容を承認し、あらたに国の最高法規とする手続きが必要とされていた。憲法の定める強力な中央政府に賛成の者もいれば、一三州は独立を保ちつづける、あるいはゆるやかに結びついているほうがよい、と考える者もいた。

批准をめぐって、ニューヨークではげしい論争がくり広げられた。憲法を擁護《ようご》する者は連邦主義者《フェデラリスト》と呼ばれ、その先頭に立っていたのがアレグザンダー・ハミルトンだ。社会とはおのずと階級別に分かれるものだ、というのがハミルトンの持論だった。純粋な民主制は危険なものだから、社会は上流階級が動かすべきだ、というのである。〈あらゆる共同体は、少数者と多数者とに分けられる。前者は裕福で家柄のよい者たちであり、後者は大衆一般だ。大衆は騒々しく移り気なゆえに、正しいことを決定したり、判断したりすることは不可能に近い。よって、政府における高位で恒久的な立場は、前者に与えるべきだ。恒久的な本体にしか、民主制の軽率さは抑制できないのである。〉

フェデラリストたちは、中央政府をもうける利点を訴える文書を出版した。その一人であるジェームズ・マディソンは、利点の一つとして、暴動や反乱、市民の騒動は、一つの州内においてより、〈一三州以上からなる一つの国家〉内でのほうが起こりにくいはずだ、と書いている。〈資産の平等な分配〉というような〈法外な〉ことを求める大衆の欲望が、一つの州政府を圧倒することはありうるとしても、連邦政府にはそんな危険はない、というのだ。

アメリカ合衆国に住む約三分の一の者が、なんらかの資産を所有していたが、その大半はわずかな土地をもっているだけだった。それでも彼らは、それは、強く安定した政府に守られるに値《あたい》する財産だと自負していた。加えて、都市部の職人たちは、輸入品に課税することで、自分たちの仕事を保護してくれる中央政府を求めていた。一八世紀末の世界のどこを見ても、政府の支持基盤として、これほど大きな集団はなかったはずだ。

つまり合衆国憲法は、裕福なエリート層の利益に奉仕する法律だったのである。しかし、ささやかな財産所有者や平均的な所得をえている労働者や農民からも、支持されるだけのことは定めていた。そして、連邦議会が『権利章典』と呼ばれる追加部分、つまり修正条項を可決してからは、さらに広く受け入れられるようになる。

修正条項は、新政府を、国民の自由の保護者であるかのように思わせた。そこでは、言論、出版、信仰の自由、公正な裁判を受ける権利などが保障されていた。また、告知なくして投獄されることはない、という刑事上の権利も認められた。ところが、憲法修正第一条は、自由とは、いともあっさり奪われうるものであることを示すことになる。

修正第一条は、議会は、言論や出版の自由を制限する法律は制定できない、としている。しかし、修正条項が追加されてからわずか七年後の一七九八年、議会は明らかに言論の自由を制限する法律を定めたのだ。

それは治安法だった。連邦政府に対して、〈虚偽や中傷、悪意ある〉言葉を発した者は処罰できる、とする法律である。反政府的な考えをいだかせる恐れのある言論を、封じこめようとするねらいがあった。修正第一条に違反している疑いが濃厚でありながらも、反政府的な発言をしたとして、この治安法により一〇人が投獄された。

また連邦議会は、戦時公債（軍事費調達のため戦時に国が国民から借り入れる金銭債務）の支払いにあてるため、あらたな税法も定めた。公債のほとんどは、もっとも富裕な人々によって所持されていたが、その債務を返すために、一般国民に税がかけられたのだ。そうした課税法の一つであるウイスキー税は、穀物からウイスキーをつくって販売する零細な農民をひどく苦しめた。一七九四年、ウイスキー税に反対する農民が立ちあがると、政府は軍隊を送りこんで鎮圧《ちんあつ》した。憲法制定からまもないころでさえ、たとえば修正第一条のような条項は軽視され、課税権のような条項は強力に施行されていたのだ。

建国の父たちとは、公平な勢力のバランスをあらたにつくり出そうとした、本当に聡明《そうめい》な人々だったのだろうか？　いや、彼らはすでに存在していたバランスをこわしたくない、と考えていた。富者と貧者、主人と奴隷、あるいは白人とインディアンとのあいだに、対等なバランスをつくろうとは思っていなかったのだ。そのうえ、この国に住む半数の人々は、建国の父たちから顧《かえり》みられることもなかった。そうした〈姿の見えない〉国民とは、初期アメリカの女性たちだった。

第6章

初期アメリカの女性たち

歴史書のなかには、アメリカ人の半数、つまり女性を、存在したことがなかったかのように扱っているものもある。探検家や貿易商、政治家や将軍について語られるとき、登場するのは男ばかりだ。初期のアメリカでは、女性はこうした職業のどれにもつくことができなかった。歴史において、女性は見えない存在だったのだ。

アメリカへ入植したヨーロッパ人が従っていた法律や社会慣習は、女は男とは対等でない、とはっきりいっていた。父親や夫には、女性を支配する権利があったのだ。女性は抑圧されていた。つまり、自分の人生を自分でコントロールすることができなかった。女性の抑圧は、根絶しがたい問題である。

男女不平等な社会

アメリカの最初の入植地には、ほとんど男性しかいなかった。女性はもっぱら、妻、乳母《うば》、召使として連れてこられた。一六一九年、バージニアの植民地ジェームズタウンに、九〇人の女性を乗せた船が入った。彼女らは大西洋を横断する渡航費と引きかえに、一度も会ったことのない男と結婚することを承諾してやってきたのだ。

年季奉公人として渡ってきた成人女性や、一〇代の少女も多かった。彼女らの暮らしは、奴隷の生活と大差なかったし、その仕事にはおわりがなかった。奉公しているあいだは、主人や女主人に服従させられ、性的な虐待《ぎゃくたい》を受けることも少なくなかった。『アメリカの働く女たち』という歴史書によると、女の奉公人は〈わずかな賃金しか支払われず、しばしば荒っぽく、無慈悲に扱われていた〉という。

黒人女性は、白人女性の二倍苦しむことになった。彼女らは黒人であるとともに女性だったため、さらに抑圧されたのだ。ある奴隷貿易商は、大西洋横断中の悲惨《ひさん》なありさまを、次のように報告している。

〈わたしは、飲んだくれの監督者がはずしておかなかったせいで、他人の死体と鎖でつながれたまま、黒人の妊婦たちが子どもを産むところを目撃した。また、甲板には、一人の黒人娘がつながれていた。娘は買われて船に乗せられたあと、気がふれてしまったのだ。〉

自由な白人女性でさえ、辛酸《しんさん》をなめさせられていた。病気が蔓延《まんえん》し、治療も満足に受けられなかった時代に、出産して子どもを育てるのはたいへんなことだった。一六二〇年、のちに巡礼始祖《ピルグリム・ファーザーズ》と呼ばれる人々とともに、一八人の既婚女性が、メイフラワー号でアメリカへ渡ってきた。そのうち三人が妊娠していたが、一年もたたないうちに、一四人が出産や病気で命を落としている。

イギリスからもちこまれた考え方や法律も、女性を苦しめていた。イギリス法のもとでは、結婚すると、夫は仕える相手、つまり主人となる。そして夫には、自分の妻を監督するにはいかなる方法を使ってもよい、という法的な権利が与えられていた。妻に体罰を加えることさえ許されていたのだ（もちろん命を奪ったり、治らないようなけがまではさせられなかったが）。妻の財産と所有物は夫のものになったし、妻に収入があれば、それも夫の所有となった。

当時ベストセラーとなったイギリスの本『娘への忠告』には、〈男と女が不平等〉であることは世の習いである、と書かれている。さらには、男とは立法者のような存在であり、物事を深く考える力、つまり理性という能力を女より多くもっている、ともあった。多くのアメリカ人女性もこの本を読んだが、女は男に劣る、という強烈なメッセージに抗して、自立の道を踏み出す女性が現れた。

女性の役割とは男性の要求を満たすこと？

初期のマサチューセッツ湾植民地に住んでいたアン・ハッチンソンは、信仰心のあつい女性だった。彼女は、自分は聖書を読んで自力で意味を解読できるし、それはほかのふつうの人にも可能だと主張して、教会の長老にいどんだ。

ハッチンソンは二度も裁判にかけられた。まず、ハッチンソンは異端である、つまり、宗教的な指導者には認められない、罪深い考えの持ち主である、として教会から告発された。ついで、政府の権威に逆らったかどで、植民地政府から訴えられた。

こうしてハッチンソンは、マサチューセッツ湾植民地から追放されることになった。一六三八年、彼女がロードアイランドへ向けて出発したときには、三五組もの家族が彼女につきしたがったという。しかしロードアイランドに到着するや、ハッチンソンはそこに住んでいたインディアンに、家族もろとも殺されてしまう。インディアンは彼女のことを、かつて自分たちから土地をだましとった敵の一味であると誤解したのだ。また、マサチューセッツ湾植民地では、メアリー・ダイアーという女性も、〈反抗的な〉信念とふるまいがとがめられ、絞首刑にされている。

女性が、政治に関係するおおやけの仕事につくことはまずなかった。しかし、独立革命期には、戦争という圧力によって、公職につく女性が現れた。女性たちは愛国的な団体をつくり、反イギリス活動を行い、独立に賛成する記事を書いた。

一七七七年には、女性版ボストン茶会事件といえるような事件さえ起きている。アビゲイル・アダムズは、建国の父の一人にして法律家である夫ジョン・アダムズあてに、その様子を書いた。彼女の手紙によると、ある裕福な商人に、正当な値段でコーヒーを売ることを拒否された女たちの一群が、その商人の倉庫まで行進しはじめた。一人の女が商人を荷車へ投げ飛ばすと、商人が鍵をさし出したので、女たちはかってに倉庫をあけてコーヒーを運び去ったというのだ。アビゲイル・アダムズは、〈おおぜいの男性が呆然《ぼうぜん》と立ち尽くし、かたずをのんでなりゆきを見守っていました〉と続けている。

辺境《フロンティア》では、労働力や専門的な技能が不足しており、女性たちは男に負けない有能ぶりを発揮した。独立革命期前後には、新聞の発行や店の経営、宿屋の切りもりなど、重要な仕事をこなすようになっていた。また、自分の家で糸をつむぎ、その糸を地元の織物工場へおろす女や子どもも現れた。

工業が経済の中心になってくると、女性は家から引き出され、工場で働くようになる。ところが逆に、女は家から出るな、という圧力も加えられた。そのほうが支配しやすかったからだ。完璧《かんぺき》な女性とはこうしたものだ、という考えが、説教や書物で宣伝されはじめた。女のつとめは、家庭を信仰心あふれた、愛国的な明るい場所にすることだ、というのである。女性には、看護師、調理人、掃除婦、お針子、教師、そして家を美しく整える者であることが求められた。また、本の読みすぎはよくない、あるいはある特定の本は読んではならない、ともいわれていた。とどのつまり女性の役割は、夫の要求を満たすことだったのだ。

主張しはじめた女たち

宗教家や著述家が、もっともらしい〈女らしさ〉を賞賛する一方で、女性たちは、女にはこれしかできないはずだ、と社会がかってに決めつけた限界を踏みこえていくようになる。女性には投票権もなく、自分の財産をもつこともできなかった。大学へ進むことも、法律や医学を学ぶことも許されなかったし、たとえ男と同じ仕事をしても、男よりはるかに少ない賃金しかえられなかった。

それでも、女たちは働きはじめた。一九世紀には、多くの女性が、紡績工場で労働にいそしみ、動力織機のような新しい機械を動かすようになった。紡績産業で働く者の八割から九割が女性で占められ、その大半が一五歳から三〇歳だった。

さらには、アメリカ初期の工場ストライキのいくつかは、紡績工場で働く女たちによって起こされたのである。彼女らは賃金アップと労働条件の向上を求めて、ストを行った。女性工場労働者による、もっとも初期のストライキは、一八二四年、ロードアイランド州のポータケットで起こされたものだ。一〇年後の三四年、マサチューセッツ州のローウェルである若い女が解雇されたときには、ほかの若い女たちも職場を離れて抗議した。そのうちの一人は町の給水塔によじのぼり、女性の権利を情熱的に訴えたという。

当時のローウェルに、キャサリン・ビーチャーという女性がいた。のちに、女性に対する教育改善を訴える社会改革者になる人物だ。ビーチャーは、女たちを敢然と立ちあがらせるにいたった工場の実態について、こう記している。

〈わたしは冬のさなか、その工場にいて、毎朝五時に起床ベルで起こされて仕事場へ向かった。夕食のために許された時間はわずか三〇分で、しかもそれには、食堂までの往復時間までふくまれていた。そして食べおわるや仕事場へ引き返し、七時まで働くのだ。就業中は、作業部屋から出てはならなかった。四〇人から八〇人が詰めこまれた室内は、オイルランプのせいで酸欠状態だった。そのうえ空気自体が、いく千もの梳《す》き櫛《ぐし》や紡錘機《ぼうすいき》、織機から出される綿ぼこりで汚れていたことも、忘れてはなるまい。〉

すべての男性と女性は、平等につくられている

女性の権利というものが口に出されたのは、紡績工場だけではなかった。少しずつだが、女性の社会的地位は変わりはじめていた。

中産階級の女性は大学へは進めなかったものの、小学校教師になることはできた。そこで、この職業の大半は女性で占められるようになった。彼女らは教師としてますます読書に励み、互いに交流を深めた。そして少女も成人女性も、高等教育のドアをさらに力強くたたくようになる。

一八二一年、エマ・ウィラードが、最初の少女専門の教育施設をつくった。その二八年後には、エリザベス・ブラックウェルが、女性初の医学博士号を取得する。

また女性たちは雑誌に寄稿するようになり、みずから雑誌を刊行する者も現れた。一七八〇年から一八四〇年にいたる六〇年間に、読み書きのできるアメリカ人女性は二倍にふえた。宗教組織に入ったり、保健衛生の改良活動にたずさわるようになる者もいた。もっとも強靭《きょうじん》な女たちは、奴隷制反対運動に加わった。

こうした活動をつうじて、女たちは大きな目標のために団体を組織し、意見を述べ、行動を起こすという経験を積んでいく。この経験はまもなく、あらたな大義、つまり女性の権利拡張という運動でいかされることになった。

アメリカ奴隷制反対協会の一員だったルーシー・ストーンは、人々の前で演説した。世間で支持されにくい考えを口にすることを恐れない、強い意志の持ち主だった。演説のあいだに冷水を浴びせられたり、本をぶつけられたり、暴徒に襲われることまであった。それでも彼女は一八四七年、兄弟が牧師をつとめるマサチューセッツの教会で、女性の権利についての講義をはじめるようになる。

アンジェリーナ・グリムケもまた、奴隷制反対運動にかかわっているうちに、女性の権利拡張を主張するようになった人物だ。アメリカ合衆国が、〈何百万という奴隷の男女を屈辱的《くつじょくてき》な状況から解放し、男性と女性という人間へもどすのと同様〉、この国は〈他人に屈するばかりだった女たちを、みずからの足で立たせることが必要〉という信念をもっていた。全国各地で、奴隷制のない社会をめざし、女性たちがさかんに活動していた。こうして奴隷制反対運動とともに、女性の権利獲得という運動も急速に勢いづいていく。

女性運動の重要な出発点となったのは、一八四〇年にロンドンで開かれた世界奴隷制反対会議だった。主催者側は、公的な場に姿をさらすことは女性に〈ふさわしくない〉として、女性運動家の出席を認めないつもりだった。最終的には出られることになったものの、彼女らは張りめぐらされたカーテンの後ろに座らされた。奴隷制廃止とともに女性の権利拡張も支持してきた、アメリカ人活動家ウィリアム・ロイド・ギャリソンは、女たちといっしょにそこに座った。

エリザベス・ケイディ・スタントンや、ルクレティア・モットといった女性たちは、奴隷制反対を唱えるような進歩的な活動の場においてさえ、自分たちが一人前のメンバーとして扱われなかったことに激怒した。こうして奴隷制反対運動家であるこの二人の女性は、女性の社会的役割や権利に深くかかわっていくことになる。

スタントンとモットは、歴史上初の、女性の権利拡張を訴える大会をもよおした。それは一八四八年、スタントンの生まれ故郷であるニューヨーク州のセネカフォールズで開かれた。三〇〇人の女性が集まり、その趣旨に賛同する男性も少数ながら出席した。

閉会時には、一〇〇人の男女が『諸原則の宣言』にサインした。それは、女性を対象に加えるために、トマス・ジェファーソンの『独立宣言』を部分的に修正したものだ。その新しい宣言では、〈すべての男性と女性は、平等につくられている〉とうたってから、女性に対する不平等な扱いをとりあげ、男女平等実現へのおおまかな方法が述べられていた。

しかし、真の平等実現とは、女性に法的な権利を与える以上の深い意味をもっていた。そこには、黒人女性を、白人女性と同じように遇することまでふくまれていたのだ。

一八五一年、女性の権利拡張を支持する集会でのことだ。もっぱら男性牧師たちばかりが発言するような会だった。と、一人の年配の黒人女性が立ちあがった。グレーの服に白いターバンを頭に巻いた、長身でやせぎすのこの女性こそ、奴隷制廃止論者として名高い、元奴隷のソウジャナー・トルースだった。彼女は黒人女性としてのみずからの人生を語りだした。

〈先ほどの男性は、女は馬車に乗るときに手を添えてもらったり、溝をこえるときには抱きあげてもらう必要があるとおっしゃった。でも、わたしはこれまで馬車に乗るときにも、ぬかるみをこえるときにも、だれにも助けてもらえなかったし、いい場所をゆずってもらったこともありませんでした。わたしは女じゃないんでしょうか?

ほら、わたしの腕を見てください。この腕で畑をたがやし、種をまき、収穫した物を納屋《なや》におさめてきましたが、わたしにかなう男は一人もいませんでしたよ。わたしは女じゃないんでしょうかね?

男と同じだけ働き、食べるものがあれば同じだけ食べ、男と同じくむちにも耐えてきました。わたしは女じゃないんでしょうか?

子どもを一三人産み、ほとんど全員が奴隷として売り飛ばされていくのを見ました。母親として、あまりにも悲しくて泣き叫んでも、イエス様以外、だれも話を聞いてくれなかった!わたしは女じゃないんでしょうか?〉

全国各地で女たちが集会を開くようになり、女性の権利拡張運動は勢いをましてきた。〈女の居場所〉に閉じこめておきたい、と考える者からの抵抗にも屈せず、彼女らはあらゆる種類の運動に加わった。女性の権利獲得や奴隷制廃止のためだけでなく、刑務所改革、医療改革のためにも活動しはじめたのだ。

ところで、こうした運動のさなかに、アメリカはあらたな衝動につき動かされていた。それは、もっと大きくなりたい、拡大したい、つまり、さらに土地がほしいという欲望だった。そしてこの国は入植したときと同じように、インディアンから土地を奪いはじめるのだ。

第7章

欲深き指導者たち

アメリカ独立戦争では、強力なインディアン部族のほとんどがイギリスに味方した。イギリスが負ければ、アメリカ人を押しとどめておくことはもはや不可能だろう、とインディアンたちは考えていた。アパラチア山脈をこえて、入植者が自分たちの土地へ殺到してくるはずだ、と覚悟していたのだ。

インディアンたちの予想は正しかった。トマス・ジェファーソンが大統領に選ばれた一八〇〇年には、すでに約七〇万の白人入植者が、アパラチア山脈の西部に住んでいた。アメリカ人は、アパラチア山脈とミシシッピ川にはさまれた広大な土地に住むことを熱望していた。森を切りひらき、綿花と穀物を育て、道路や運河、都市を建設したいと思っていた。やがて、彼らはこう考えはじめる——自分たちアメリカ人は、北アメリカ大陸を西へ進み、太平洋まで達すべきなのだと。

こうした考えを実現する障害となっていたのが、インディアンだった。そこで、アメリカ政府は〈インディアン移住政策〉というものを思いつく。インディアンを追い払って、その土地を自分たち白人のものにしようというのだ。この移住政策によって、きわめて多くの者が命を落とし、とほうもない損失が出た。その犠牲《ぎせい》がどんなに大きかったかは、歴史家にさえ推《お》しはかることはできない。

インディアンと戦う勇士から大統領にのぼりつめたジャクソン

独立革命後、裕福なアメリカ人は辺境《フロンティア》の広大な土地を買いあさった。いずれはそこを転売し、大きくもうけるつもりだった。これは〝投機買い〟と呼ばれるものだ。土地投機者には、初代大統領ジョージ・ワシントンや、独立運動の急先鋒《きゅうせんぽう》パトリック・ヘンリーのような建国の父もふくまれていた。

そして、貿易商として奴隷を売買し、軍人でもあり、将来大統領となる人物もまた、土地投機に励んでいた。それがアンドリュー・ジャクソンであり、初期アメリカ史で、もっとも無慈悲なインディアン政策を行った人物だ。

ジャクソンは、一八一二年戦争と呼ばれるイギリスとの戦争で、一躍名をあげた。たいていの教科書には、一八一二年戦争は、アメリカの、国家としての威信をかけた戦いだった、と書かれているが、それ以上の面もあった。領土拡張のための戦いでもあったのだ。この戦争により、アメリカは、カナダや当時スペイン領だったフロリダ、そしてインディアンの領地へ入っていけるようになった。

ジャクソンがはじめて戦ったインディアンは、ジョージア、アラバマ、ミシシッピ付近に住んでいたクリーク族だった。一八一二年戦争のさなか、クリーク族の戦士は、アラバマの砦《とりで》で、二五〇人の白人を虐殺《ぎゃくさつ》した。報復としてジャクソン軍は、クリーク族の村落を焼き払い、男だけでなく女や子どもも殺害した。一八一四年、ジャクソンは、ホースシューベンドの戦いで国民的英雄にのしあがる。自軍の被害は最小限にとどめながらも、一〇〇〇人のクリーク族のうち、八〇〇人を殺したのだ。じつはジャクソンの勝利は、味方についたチェロキー族のおかげだった。政府は、この戦いで加勢してくれたら友好的に遇する、とチェロキー族に約束していた。ジャクソンの白人部隊はクリーク族への襲撃に失敗したものの、チェロキー族が川を泳いで背後からクリーク族に接近し、ジャクソン側に勝利をもたらしたのだ。

一八一四年に戦争がおわるや、ジャクソンはみずから条約交渉の役につき、クリーク族の土地の半分をとりあげる条約を結んだ。そして、友人たちとその土地を買いあさった。

一方この条約によって、インディアン社会には思いがけない変化がもたらされた。そもそもインディアンには、個人が土地を所有する、という考えはなかった。ショーニー族の首長テカムセがいったように、〈土地はそれぞれが使えるように、全員に属している〉と考えられていたのだ。ところがジャクソンとの条約によって、インディアンは個人で土地を所有するようになり、土地の共有という伝統は破壊された。そして、土地をワイロにしてある者をだきこんだり、ほかの者を排除したりして、インディアン同士が対立するようになったのだ。

それからの一〇年、ジャクソンは、南部のインディアン部族とさらに多くの条約をかわした。力ずくで、あるいはワイロやペテンを用い、アラバマとフロリダの四分の三、テネシーの三分の一、ほか四州の一部を白人のものとした。こうして手に入れた南部の土地には、綿花王国の基礎が築かれ、白人が所有するプランテーションでは、黒人奴隷が働かされることになる。

まもなく白人入植者は、スペイン領フロリダとの境に達した。そこにはセミノール族が住んでおり、逃亡した黒人奴隷もかくまわれていた。自国の防衛のためには、アメリカはフロリダを支配下に置かなければならない、とジャクソンは主張した。これは、ある国がほかの国へ征服戦争をしかけようとするとき、現代でもしばしば使われているフレーズだ。

一八一七年から翌年にかけて、ジャクソンはフロリダを急襲し、セミノール族の村を焼き払い、スペイン軍の砦《とりで》を奪いとった。そこでやむなくスペインは、アメリカへフロリダを売却することに決めた。ジャクソンはこの新しい領土の総督となり、友人や親類縁者に、奴隷の買いつけや土地の投機買いについてアドバイスした。

一八二八年、ジャクソンは第七代アメリカ大統領に選出される。ジャクソンと、彼みずからが後継大統領に指名したマーティン・バン・ビューレンのもと、アメリカ政府は、七万人のインディアンを、ミシシッピ川東部の彼らの故郷から移住させることを決定した。この強制移住について、政府高官のルイス・キャスは、あの〈野蛮人《やばんじん》ども〉は〈文明社会と接触していては〉生きていけないからだ、と説明した。

キャスは、ミシガン準州（まだ州としての地位をえていない地域）の総督だったとき、インディアンから何百万エーカーもの土地を奪っていた。また、一八二五年のショーニー族とチェロキー族との条約会議では、この二つの部族がミシシッピ川西部へ移動すれば、〈アメリカ合衆国は、そこの土地まで求めることはけっしてない〉と、インディアンに約束した。キャスは、ミシシッピ川から先の土地は、永遠にインディアンの領土とされるだろう、と請《う》け合っていたのだ。

インディアンの権利を完全に否定した州法

ところで、ジャクソンが大統領になる前の一八二〇年代の数年間、南部では、白人とインディアンが穏やかに暮らしていた。白人がインディアンの村を訪れ、インディアンは白人の家で客人としてもてなされ、両者は争うこともなく、さかんに行き来していたのだ。フロンティア時代の伝説的英雄デビー・クロケットやサム・ヒューストンは、こうした背景から現れてきた。アンドリュー・ジャクソンとはちがい、この二人はインディアンに友好的だった。

土地からインディアンを追い出せという圧力は、政治家や大事業家、土地投機業者、そして、あらたな鉄道や都市を必要とする人口増加から生まれてきた。こうした圧力のせいで、貧しい白人辺境民は、インディアンと暴力的に衝突させられたのかもしれない。しかし、インディアンと親しかった者たちは、積極的に彼らを追い出そうとはしなかった。

では、政府はいかにして、ジョージア、アラバマ、ミシシッピなど南部の土地から、インディアンを移住させたのだろう？　答えは、連邦法と州法は別物である、という点にあった。連邦法は、対インディアン政策は連邦議会が決めると定めており、そのため、条約は連邦政府とインディアン部族とのあいだで結ばれていた。ところが各州が、インディアンの土地を白人に与える、という州法をかってに成立させたのだ。

ジャクソンは大統領として、連邦法を優先させるべきだった。しかし、彼は連邦法を無視して、各州の好きなようにやらせる、という選択をした。こうして、インディアンは深刻な立場へ追いこまれてしまったのだ。彼らは〈むりやり〉西へ移動させられることはないにしても、東部にとどまるかぎり、州法に従わなければならない。ところがその州法は、彼らの権利を完全に否定しているのだ。インディアンの土地をほしがる白人からもたらされる苦痛には、おわりがないようだった。

そんなとき連邦政府は、インディアンが移住に同意するなら、彼らを財政的に援助し、さらにはミシシッピ西部の土地を与えようといいだした。もしもチョクトー族とチェロキー族が、平和的にその古くからの土地を出ていくのなら、アメリカ政府は引きかえにあらたな土地を与え、もはや手出しをすることはなかろうと保証したのだ。ジャクソンは、インディアン部族にこんなメッセージを送っている。

〈首長と戦士たちに伝えよ、わたしは諸君の友人であると。しかし、諸君がミシシッピとアラバマの州境から去り、わたしの提供する土地へ移住しないかぎり、わたしを友人とすることはできないのだ。そこはいかなる州にも属さない、諸君だけの土地である。諸君は、その土地を草が育ち川が流れるかぎり所有することになろう。現在も、またこれからも、わたしは諸君を保護し、かつ諸君の友人であり、父であらんことを願っている。〉

ついに部族別に、圧力がかけられはじめた。チョクトー族には立ちのく気はなかったが、部族の者五〇人が金と土地で買収され、ミシシッピ東部の土地を放棄する、という条約にサインした。見返りとして、西部へ移動するさいには、金銭的な援助が受けられることになった。一八三一年の後半、一万三〇〇〇人の移動の旅が開始された。すべてを知り尽くした土地から、気候も様子もまったくわからない場所へと移っていくのだ。この長い旅は陸軍の保護下で行われるはずだったが、保護されることはなく、悲惨《ひさん》な結果がもたらされた。何千人ものインディアンが、飢《う》えと寒さ、病気で命を落とした。まだミシシッピに残っていたチョクトー族七〇〇〇人は、あとに続くことをこばんだ。このため、いまでもミシシッピには、彼らの子孫が少数ながら住んでいる。

ジャクソンは一八三二年に大統領に再選されるや、インディアン移住政策を急がせた。このころには、アラバマの二万二〇〇〇人のクリーク族は、以前よりずっと狭い場所で固まって暮らすようになっていた。彼らは連邦政府との約束と引きかえに、移住に同意した。約束とは、クリーク族の土地の一部を分割して彼らの個人所有とし、土地をえた者はそれを売るなり、政府の保護下でそこにとどまるなり自由にできる、という内容だった。

アメリカ政府はたちまちこの約束を破った。分割された土地に殺到した白人から、クリーク族を守らなかったのだ。ある陸軍士官は、クリーク族は〈おどされ、おびえ、つけこまれたすえ、アメリカ政府からまともな保護は受けられないことに気づいて絶望した〉と書いている。

クリーク族のなかに、スペクルド・スネークという男がいた。彼は長い生涯のあいだに、白人のアメリカ政府が何度もインディアンをだまし、虐待《ぎゃくたい》するのを目にしてきた。一〇〇歳をこえたとき、白人がいかにインディアンを裏切ったかについて、スペクルド・スネークはこう語ったという。

〈兄弟たちよ！　わたしは、われらの偉大なる白き父からの呼びかけを、何度も耳にしてきた者である。はじめて広い海原を渡ってきたとき、彼はちっぽけな、本当にちっぽけな男にすぎなかった。長いあいだ船中に座っていたせいで、脚が縮まっていたのだ。彼がほしがったのは、たき火をおこせるほどの狭い土地だった。だがその白い男は、われらインディアンのたき火で暖まり、われらのひきわりトウモロコシで腹を満たすや、すこぶる大きくなった。そして山脈をひとまたぎでこえ、その足で平原や谷を踏みつけ、両手で東と西の海をつかみ、頭を月にもたせかけて眠るようになった。こうして彼は、われらの偉大なる父となったのだ。自分の赤き子どもたちをいとおしんで、彼はこういった。「おまえたちを踏みつぶすといけないから、そこから立ちのけ」と。〉

絶望したクリーク族が白人入植者を襲撃すると、政府はこの〈戦争〉によって条約は破られた、と主張した。そして、力ずくでクリーク族を西へ追い立てようと、アメリカ陸軍を送りこんできたのだ。兵士はクリーク族の村落へ侵入するや、彼らを二〇〇〇人から三〇〇〇人の集団に分け、西へと行進させた。徒歩で移動するクリーク族には、政府から食料や宿泊小屋、毛布などが支給されるはずだったが、ここでも約束は破られた。朽《く》ちかけた古い船でミシシッピ川を渡っているあいだに、飢《う》えと病気で何百人ものクリーク族が命を落とした。一艘《そう》の船が沈み、おぼれ死んだ者も三〇〇人をこえた。

巨大国家と闘ったインディアンたち

一八三五年一二月、政府の役人がフロリダのセミノール族に対し、集合場所へ集まり、西への移住を開始せよと命じた。しかし、そこにはだれ一人として現れなかった。セミノール族は戦うことを選んだのだ。

彼らは内陸部の潜伏地からいきなり現れて、海岸沿いの白人入植地を奇襲しはじめた。白人の家族を殺し、奴隷をつかまえ、財産を破壊した。セミノール族をたたくため、将軍ウィンフィールド・スコットが、アメリカ軍を率いてフロリダ入りした。しかし、敵のインディアンは一人も見つからない。どろと沼地、炎暑と病気に苦しめられて、スコット指揮下の将校の三分の二が軍から去った。

この戦いは八年間続き、二〇〇〇万ドルの戦費と、一五〇〇人のアメリカ兵の死をもってようやく終結した。だが、豊かな資源にめぐまれた巨大国家にとって、セミノール族はちっぽけな抵抗集団にすぎなかった。一八四〇年代に入るころにはセミノール族も疲れ果て、休戦を申し入れてきた。しかし、彼らは逮捕され、首長のオセオーラが刑務所で死亡すると、抵抗は先細りになっていった。

他方、ジョージア州では、チェロキー族が、武力を使わない独自のやり方で抵抗を続けていた。農民や鉄工、大工になることで、白人社会に適応しようとしたのだ。彼らは統治協議会という自治組織を立ちあげ、キリスト教と白人宣教師を歓迎した。首長のセコイヤが、自分たちの言葉を文字にする方法を考案すると、チェロキー語と英語の両方で、新聞も発行するようになった。しかし、チェロキー族がいくら白人社会になじもうとしても、白人は彼らの土地をほしがるばかりだった。

ジョージア州はチェロキー族から土地をとりあげ、彼らの自治組織や集会、新聞を非合法とする法律を定めた。また、仲間のインディアンに昔からの土地にとどまることをすすめた者は、投獄されることにもなった。チェロキー族には彼らの土地に住みつづける権利を認めるべきだ、と進言した白人宣教師までが、重労働四年の刑を宣告された。

連邦政府は、チェロキー族数人と移住条約を結んだ。その数人は部族の者から隠れるようにして、書類にサインした。そしてまたもや連邦政府は、条約を実行するために軍隊を送りこんできた。チェロキー族一万七〇〇〇人が包囲され、柵《さく》の中へ押しこめられた。一八三八年一〇月一日、最初の集団が、のちに〈涙の旅路〉と呼ばれる旅へと出発した。

四〇〇〇人のチェロキー族が飢《う》えや渇《かわ》き、病気が原因で、あるいは風雨にさらされるがまま、西へとむりに歩かせられて、命を落とした。ところが同年一二月、第八代大統領マーティン・バン・ビューレンは、「ミシシッピ西部の新居住地への、チェロキー族の集団移住」について、連邦議会でこう述べたのだ。チェロキー族を移住させるという議会の決断は、「たいへん満足のいく結果にあいなりました」と。

第8章

メキシコ戦争

〈ほとんど一睡もしていない。〉一八四五年六月三〇日、イーサン・アレン・ヒッチコックは、日誌にそう書きつけた。ヒッチコックは、ルイジアナに駐屯するアメリカ陸軍の大佐だった。指揮官の将軍ザカリー・テイラーから、テキサス南西部にあるリオグランデ川のほとりへ部隊を進軍させよ、と命じられたところだった。やっかいなことになりそうだ、とヒッチコックは感じていた。

〈暴力は暴力を呼ぶものだ。〉彼はそう書いている。〈われわれのこうした動きが、さらなる行動を呼び起こして流血の事態を招かないとしたら、わたしはとんだ考えちがいをしていることになる。〉ヒッチコックは考えちがいなどしていなかった。リオグランデ川へのテイラーの進軍により、血なまぐさい戦いの幕が切って落とされた。そしてアメリカは、敗北したメキシコから、西部の広大な土地を手に入れることになるのだ。

領土拡大のために戦争をしかけたアメリカ

一八〇三年、トマス・ジェファーソンがルイジアナを購入して、アメリカ合衆国の面積は二倍になった。とはいえ、一八四五年当時、この国は現在よりずっと小さかった。西の国境線はロッキー山脈までで、南西にはメキシコがあった。メキシコは一八二一年、スペインから独立を勝ちとっていた。
当時のメキシコは現在よりずっと広く、テキサス、ニューメキシコ、ユタ、ネバダ、アリゾナ、カリフォルニア、そしてコロラドとワイオミングの一部をふくんでいた。一八三六年、テキサスがアメリカの助勢をえて、メキシコから独立し、みずから〈孤独なる星の共和国〉と名乗った。ついで一八四五年、連邦議会はこのテキサスをアメリカ合衆国へ編入したのだ。
そのころにはアメリカ人の多くが、アメリカは拡大すべきだ、もっと西まで領土を広げるべきだ、と思いこむようになっていた。第一一代大統領ジェームズ・ポークもまた、こうした領土拡張主義者の一人だった。彼は閣僚の一人に、大統領としての最大の目標の一つは、この国にカリフォルニアを加えることだ、と語ったという。新聞《ワシントン・ユニオン》は、次のような言葉でポークの考えを支持した。〈われわれには、カリフォルニアへの道が開かれるだろう。われらが西部開拓民の前進を、いったいだれにはばむことができようか?〉
テキサス併合直後の夏、別の新聞の編集者ジョン・オサリバンはこう書いた。〈年々増加する何百万ものわが国民の自由な発展のために、われわれには、この大陸をおおって拡大していくという、明白なる天命が、神から割りあてられているのだ。〉神がそう望んでいるがゆえに、アメリカ人には北アメリカ全域を独占する自由があるのだ、とオサリバンはいったのである。

目に見えるほどはっきりとしたそんな定め、つまり〈明白なる天命〉という彼の言葉は、領土拡張主義者のスローガンとなった。

長いあいだ、メキシコとアメリカ合衆国は、リオグランデ川の北約一五〇マイルにあるニュエーセス川を国境としていた。しかし、独立をめざしてメキシコと戦っていたとき、テキサス側がメキシコの将軍サンタ・アナをとらえ、国境はリオグランデ川だ、とむりやり認めさせた。こうしてテキサスは面積をふやした。その後大統領ポークは、たとえまだメキシコ人が、二つの川のあいだに広がる土地に住んでいようと、国境はリオグランデ川であると承知している、とテキサスに請《う》け合ったのだ。

つまり、大統領ポークが、リオグランデ川まで進軍せよとアメリカ軍に命じることは、メキシコへの挑発を意味していたのだ。メキシコ人が住んでいる領土に軍を送った以上、衝突は必至に思われた。しかし、アメリカ兵がリオグランデ川に到着してみると、村々はもぬけの殻だった。そこに住んでいたメキシコ人は、川を渡って、北東部の都市マタモロスへ逃げていたのだ。将軍テイラーは大砲をマタモロスへ向け、砦《とりで》を築きはじめる。

一八四六年春までに、アメリカ軍は、ポークの待ちのぞむ戦争準備を整えた。足りないのは、宣戦布告のための口実だけだった。そんなとき、リオグランデ川沿いに馬を走らせていたテイラー配下の将校の一人が、消息を絶った。まもなく彼は、頭蓋骨《ずがいこつ》をくだかれた死体となって発見される。だれもが、川を渡ってきたメキシコ兵に奇襲されたのだろう、と考えた。さらに翌日、アメリカ軍のパトロール隊がメキシコ側に襲われ、一六人の兵士が殺された。そのときテイラーは、交戦状態に入った、との一報をポークに入れたのだ。

たしかに最初の一撃は、メキシコ側からはなたれた。しかし、その行為はまさしく、アメリカ政府の思うつぼだった。イーサン・アレン・ヒッチコック大佐には、それがわかっていた。攻撃が開始される前から、彼は日誌に記している。

〈わたしは当初から、侵略しているのはアメリカ合衆国だといってきた。われわれには、この土地にいる権利はひとかけらもないのだ。わが政府は、カリフォルニアをはじめとするあの国の土地を、好きなだけ奪う口実をつくろうと、わざと小規模な部隊を送って、戦争を引き起こしたように思われる。本音をいえば、こんなことにはかかわりたくない。だが軍人として、わたしには命令を遂行する義務がある。〉

メキシコ戦争はあらたな奴隷州獲得のための戦争だった

将軍テイラーから戦闘開始の知らせを受けとる前から、大統領ポークは、宣戦布告をするように、と連邦議会をせっついていた。そしてテイラーからの報が届くや、議会でこう述べたのだ。「メキシコはアメリカ合衆国の国境線を踏みこえ、われわれの領土に侵入し、アメリカの大地に、アメリカ人の血を流させたのである」

議会は宣戦布告をした。が、ひと握りの議員が反対した。それは奴隷制に強く反対する者たちだった。彼らは今度の戦争を、奴隷制を合法とする奴隷州を、あらたな領土として獲得する手段にすぎないと考えていたのだ。オハイオのジョシュア・ギディングズは、この戦争を〈罪深い不法な侵略戦争〉と非難した。

ところがアメリカ国民の多数は、戦争の報にわき立った。全国各地の都市で、戦争を支持する集会が開かれ、一〇〇〇人単位で、志願兵が軍に殺到した。アメリカ自由詩の父となる詩人ウォルト・ホイットマンは、誇らしげにこう新聞に書いている。〈アメリカは拡張するだけでなく、圧倒する術《すべ》も心得ているのである！〉

別の詩人ジェームズ・ラッセル・ローウェルは、ちがう考えだった。この戦争の理由はただ一つ、〈あらたな奴隷州を引っぱりこむため〉である、として反戦詩を詠《よ》んだ。マサチューセッツ出身で、のちに個人主義の名著『ウォールデン――森の生活』をあらわした作家ヘンリー・デイビッド・ソローもまた、メキシコ戦争に反対だった。彼は、人頭税〈納税能力を問わず全国民に課せられる税金）を払わないことで抵抗し、投獄された。だが、ソローの知らないうちに、友人が代理で納税したためすぐに釈放され、刑務所にはひと晩しか入れられなかった。

二年後、ソローは『市民的不服従』という論文を発表する。そのなかで、彼は法と正義のちがいについて述べ、自分にくだされた命令がまちがっている場合の兵士の心情を、次のように描いた。

〈法はけっして人をより正しくするものではない。法を遵守《じゅんしゅ》することにより、善意の者までが日々、不正義の実践者とされてしまうのだ。われわれがよく目にする兵士の隊列こそ、不適切な法を守ったことによる道理上のなりゆきである。兵士たちはみごとな秩序を保って、丘や谷をこえて戦場へと進んでいく。しかし、それは彼らの意思に反することだ。そうだ、兵士たちの良識と道義心に反しているがゆえに、行軍はきわめて過酷なものとなるのである。〉

宗教関係の多くの指導者や信徒たちも、声をあげて戦争に反対した。時の経過とともに、ほかにも反対者が出てきた。《ニューヨーク・トリビューン》を発刊したジャーナリストのホラス・グリーリーは、これは不必要な戦争だ、と書いた。かつて奴隷だった、奴隷制廃止論者のフレデリック・ダグラスは、この戦争を〈不名誉で残酷である〉と非難した。奴隷制廃止派の新聞《リベレーター》はもっとはっきりと、メキシコの〈このうえなく堂々たる勝利〉を望む、とまで書いた。

では、一般の国民はどう思っていたのだろう？　戦争支持派がどのぐらいいたかは不明だが、戦争に反対する労働者がいた、という証拠は残っている。多数のアイルランド系労働者が、ニューヨーク・シティでの反戦集会に参加していたのだ。彼らはメキシコ戦争を、奴隷所有者による陰謀、と呼んだ。また、ニューイングランドの労働者協会も、声高《こわだか》に戦争反対を唱えた。

当初、異様な興奮に駆られて殺到していた志願兵は、しだいに少なくなった。軍は充分な数の兵士を獲得するため、新兵に報酬《ほうしゅう》を出さざるをえなくなった。さらには、最後まで従軍した志願兵には土地を与える、とまで約束した。

実際に戦った兵士のなかには、戦争の血なまぐささにショックを受ける者もいた。たとえば、マタモロス近郊での戦いがおわってみると、戦場にはアメリカ兵五〇人、メキシコ兵五〇〇人の死傷者が横たわっていた。彼らのうめき声や苦痛の叫びは、耳をふさぎたくなるほどだったという。また、ひどく古びた不衛生な輸送船にすし詰めにされ、前線へ向かう途中で、病気になったり命を落としたりする新兵もいた。さらにはもっとまともな給料を求め、メキシコ側へ寝返る者まで現れた。

カリフォルニア征服

カリフォルニアでは、別個に戦闘が行われていた。アメリカ軍は、陸と海上からカリフォルニアへ入っていたのだ。ある若い海軍将校は、アメリカがこの西の土地を手に入れたときのことを想像して、〈カリフォルニアという肥沃《ひよく》な場所には、たくさんの人々が流れこむだろう〉と日誌に書きつけている。

カリフォルニア入りしたアメリカ軍は、スペイン人が築いたメキシコ人入植地を襲い、馬を奪った。そして、熊を描いた〈ベア・フラッグ〉という旗をかかげ、〈カリフォルニア共和国〉として、メキシコからの独立を宣言した。

あるアメリカ人海軍将校は、カリフォルニアのインディアンの首長を集めて、こう述べた。〈諸君の住んでいるこの土地は、もはやメキシコではなく、ある強大な国家に属している。その国は、諸君も見聞しているだろう太平洋と呼ばれる大海原から、太陽がのぼる方向にある、大西洋という名のもう一つの広大な海まで、何千マイルと領土を広げているのだ。わが軍勢は現在メキシコにあり、まもなくメキシコ全土を征服するだろう。しかし、諸君が正しいことをなし、新しい統治者に忠実であるならば、われわれを恐れる必要はまったくない。われわれは諸君を見守り、真の自由を与えるつもりだ。しかし、扇動《せんどう》や違反行為、またいかなる犯罪行為も見のがす気はない。守備についているわが隊は、罰することをけっしてためらわないし、諸君がどんな奥地にある隠れ家にひそもうとも、かならずや見つけ出すだろう。〉

同じころ、別のアメリカ軍がニューメキシコを通って西へ進んでいた。彼らは戦うことなく、サンタフェを占領した。しかし数ヵ月後、サンタフェ近くの都市タオスのメキシコ人が、アメリカの支配に対して反乱を起こした。反乱は鎮圧《ちんあつ》されたものの、一部の者が山へ逃げこんだ。彼らはふいに攻撃してきて、アメリカ兵を殺した。最終的には、アメリカ軍が反乱側一五〇人を殺害して、戦いはおわった。

反乱はロサンジェルスでも起きた。一八四六年九月、メキシコ人がアメリカ軍を制圧した。アメリカ軍は血みどろの戦いのすえ、その年の一二月にようやくロサンジェルスを奪還した。

勝利の陰には多数の脱走兵がいた

このころには、将軍テイラーはリオグランデ川をこえ、マタモロスを占領していた。彼の部隊はメキシコを通ってさらに南下していたが、部下の統制は容易なことではなかった。兵士たちは酒に酔い、メキシコ人の村落を略奪し、女性に対する暴行の件数はふえるばかりだった。

同時に、病気と熱波のため、多くの兵士が命を落としていった。行軍中に一〇〇〇人が死亡した。メキシコ北部のモンテレーでは、ふたたびメキシコ側と戦闘になり、きわめて多数の兵士と馬が、もだえ苦しみながら死んでいった。あるアメリカ人将校は、地面はつばと血でぬるぬるしていた、と報告している。

アメリカ海軍は、メキシコの湾岸都市ベラクルスを砲撃し、おおぜいの民間人の命を奪った。ある砲弾は郵便局を、別の砲弾は病院を直撃した。二日間に一三〇〇発の砲弾を浴びせられ、ベラクルスは降伏した。あるアメリカ人記者はこう書いている。〈メキシコ側は、自国の死傷者数を五〇〇だ、いや一〇〇〇だとまちまちに見積もっているが、死亡した兵士はさほど多くないのに、女性と子どもの死者がきわめて多いという点では、意見の一致を見ている。〉

ついに将軍ウィンフィールド・スコットは、一万の兵からなる部隊をメキシコ中心部へ進めた。戦闘はずるずると長引き、両軍とも兵数千を失った。とうとう二国の軍隊は、メキシコ・シティの支配をめぐって衝突する。あるメキシコ人商人は、アメリカ軍のメキシコ・シティ占領について、友人にこう書き送った。〈場所によっては一区画全部が破壊され、おびただしい数のメキシコ人が殺されたり、けがをさせられたりしました。〉

優勢だったにもかかわらず、アメリカ軍の部隊では、兵士の脱走が大問題になっていた。行軍と戦闘、そして命を危険にさらすことに、兵士たちは疲れていたのだろう。軍は、一八四七年三月に、脱走兵の数は一〇〇〇〇をこえた、と報告している。終戦までの脱走兵の総数は、九〇〇〇以上にのぼった。

またメキシコ北部では、バージニア、ミシシッピ、ノースカロライナ出身の志願兵が、指揮官にはむかった。その指揮官は命令に服従しなかった部下一人を殺したが、二人の副官は、反抗の平定に協力しなかった。のちに軍は士気維持のため、反抗した兵士たちを不問にふした。

勝利の栄光は大統領や将軍だけが独占し、脱走兵や戦死者はもちろん、負傷者も顧《かえり》みられなかった。多くの兵士が、死と隣り合わせの状況や戦場へと、自分たちを駆り立てていった上官へ怒りをつのらせていた。マサチューセッツ志願兵団というグループは、六三〇人で故郷を出たが、うち三〇〇人は帰郷できなかった。おもに病気のせいだった。生き残った兵士たちは、帰還祝賀会でシーッという声を出して、上官を非難した。

ぶじに帰還できても、志願兵は、軍役に見合うだけのものをほとんどえられなかった。政府は約束した土地を彼らに与えはしたが、すぐに土地投機業者が現れ、土地は買い占められた。多くの帰還兵が即金を必要としており、えたばかりの一六〇エーカーの土地を、五〇ドルもしない安値で手放してしまったのだ。

メキシコが降伏したとき、アメリカはメキシコ全土をとるべきだと考える者もいたが、結局、半分の領土を併合することになった。

一八四八年二月、メキシコとアメリカ合衆国は、グアダルーペ・イダルゴ条約を結ぶ。この条約で、アメリカはメキシコから、南西部全域とカリフォルニアを譲渡されることになった。また、二国の国境線がリオグランデ川であることも承認された。引きかえにアメリカは、一五〇〇万ドルをメキシコに支払うことにした。このためアメリカ人は、新領土は暴力で奪いとってきたのではなく、購入したのだ、といえるようになったのだ。あるアメリカの新聞はこう報じている。〈われわれは征服によって、なに一つ奪わなかった。まったく喜ばしい結果ではないか。〉

第9章

アメリカ政府が黒人奴隷にしたこと

アメリカ合衆国政府が奴隷制を支持していたのは、南部の経済が奴隷制に頼っていたからだ。経済の拡大につれて、南部では奴隷の数もふえた。綿花の生産量は、一七九〇年には年間一〇〇〇トンだったのに、七〇年後の一八六〇年には一〇〇万トンに急増した。同じ期間に、奴隷の数は、五〇万人から四〇〇万人へとふくれあがった。奴隷制は南部にどっしりと根をおろしていたため、なにかとてつもない出来事、たとえば全面戦争のようなものが起きないかぎり、廃止できなくなっていたのだ。

反乱、逃亡……奴隷の人生と白人の支援者たち

一八〇八年、アメリカ政府はあらたな奴隷の輸入を法律で禁じた。それ以前には、北部の多くの港湾都市が奴隷貿易で利益をあげていたが、一八〇八年からは、アメリカの奴隷は、すでに奴隷にされているアフリカ人とその子孫に限定されるはずだった。しかし、新しい奴隷を求める声は強く、この法律はしばしば破られた。歴史家ジョン・ホープ・フランクリンは著書『奴隷制から自由へ』で、一八六一年に南北戦争が始まるまでに、二五万人の奴隷が不法に輸入された、と見積もっている。

では、奴隷制とはどのようなものだったのだろう？　本当のところは、奴隷にされた者にし

かわからないはずだ。元奴隷のジョン・リトルはこう書いている。

〈奴隷は幸せそうだな、と人からいわれた。なぜなら、奴隷はよく笑い、陽気だからだ。三、四人の仲間とともに、わたしも昼間には二〇〇回むちで打たれ、足かせをはめられていた。それでも夜になると、歌って踊り、鎖をガチャガチャいわせ、ほかのみんなを笑わせた。だからこそ、奴隷は幸せだと思われたりしたのだ！　そうしていたのは苦しみをまぎらわせ、心が完全に破壊されないようにするためだった。それこそが、うそ偽《いつわ》りのない真実だったのだ！〉

絶望に駆られて、反乱を起こす奴隷もいた。おそらくアメリカ最大の奴隷暴動は、一八一一年にニューオーリンズ近郊で起きたものだろう。その反乱には四〇〇人から五〇〇人の奴隷が加わったが、アメリカ軍と民兵に攻めかかられて平定された。一八二二年には、デンマーク・ヴィージーという自由黒人が、サウスカロライナで暴動を計画した。しかし、事前に当局に察知され、三四人の仲間とともに絞首刑にされている。また一八三一年の夏にはバージニアで、ナット・ターナーという奴隷が、約七〇人の仲間を率いて、プランテーションからプランテーションへと暴れ回り、少なくとも五五人の男女子どもを殺害した。弾薬が尽きたところで彼らはつかまり、ターナーは仲間とともに絞首刑にされた。

逃亡する奴隷もいた。一八五〇年代には、毎年約一〇〇〇人の奴隷が、奴隷制を禁止した北部の自由州や、カナダ、メキシコへのがれた。自身も逃亡奴隷である女性ハリエット・タブマンは、〝地下鉄道〟という秘密の支援組織に入り、奴隷制を認めている南部の奴隷州と自由州とのあいだを命がけで一九回も往復し、南部の奴隷が自由黒人になるのを助けた。北部へ逃げる奴隷に、タブマンはこういったという。「自由になりなさい。さもなければ殺されます」

また時折、奴隷を助ける白人が現れて、当局を悩ませた。貧困白人《プア・ホワイト》が奴隷に暴動をたきつけるのではないか、と恐れる者もいた。なぜなら貧しい白人は、黒人奴隷に同情していただけでなく、金持ちの農園主に憎しみをいだき、彼らの財産が破壊されるところを見たがっていたからだ。南部の大農園主と結婚した有名女優ファニー・ケンブルは、ジョージアで運河が建造されるさい、黒人奴隷と白人のアイルランド系労働者が引き離されていた理由について、アイルランド人は〈親切で、心の広い人間〉だから、〈本気で奴隷に同情する心配があるからかもしれない〉と、日記に書いている。

奴隷制は南部だけでなく、アメリカ全体の恥である

現実に白人のアメリカ人のなかには、〈奴隷に同情する〉者が存在していた。奴隷制廃止を訴えたため、彼らは奴隷制廃止論者と呼ばれる。勇敢にもこうした者たちは、奴隷制に反対す

る内容の新聞記事を書いたり、演説をしたりした。また、先述の地下鉄道という組織は、多数の奴隷が逃亡するのを支援した。この組織は〈安全な家〉を提供しながら、逃げてきた奴隷を北部の自由州まで送り届けたのだ。しかし、奴隷制廃止運動の主力は、やはり黒人の廃止論者だった。

北部の自由州に住む黒人は、一八三〇年には約一三万人だったが、二〇年後には二〇万人になっていた。こうした者の多くが、南部でまだ奴隷にされている人々を解放するために力を尽くした。デイビッド・ウォーカーもその一人だった。彼は奴隷の息子として生まれたが、ボストンで古着商となった。そして『ウォーカーの訴え』という小冊子で、解放を勝ちとるために戦おう、と黒人に呼びかけた。

〈われらが敵に虐殺《ぎゃくさつ》を続けさせ、同時に彼らのコップには、なみなみと酒をついでおこう。道がはっきりと見えてくるまで、われわれは自由や人権をえようとしてはならない。時機が到来したときにこそ、恐れず、ひるまず行動せよ。神は喜んで（白人と）同じくわれわれにも、二つの目、二本の手、二本の足、そして頭には分別を与えたもうた。彼らを奴隷にしておく権利がわれわれにないように、彼らにもわれわれを奴隷にしておく権利はない。だれにでもよい時代があるものだ、という言い回しがあるが、あのアメリカ人たちの全盛期はおわりかけてい

るのだ。〉

この『ウォーカーの訴え』は、南部の奴隷所有者を激昂《げっこう》させ、ウォーカーをつかまえるか、殺した者には賞金が出されることになった。一八三〇年夏のある日、ウォーカーは、自分の店のドア近くで、死体となって発見された。

フレデリック・ダグラスは奴隷として生まれたが、読み書きを覚え、二一歳のとき北部へ逃亡した。それから奴隷制廃止のために講演し、文章を書き、もっとも名の知られた黒人男性となった。ダグラスは、〈いつか自由な人間になるという思い〉は、〈奴隷制のもつあらゆる威力〉をもってしても、くじくことのできない夢である、と説いた。

メキシコ戦争後、アメリカ政府はカリフォルニアをはじめとする新しい領土を、奴隷制を認めない自由州として併合した。そこで、奴隷州の利益をはかるために、一八五〇年、従来の逃亡奴隷法を強化したあらたな逃亡奴隷法を制定した。この法律により、奴隷所有者はたとえ自分の奴隷が北部の州まで逃げようと、かんたんにとりもどせるようになった。所有者が、これは自分の奴隷だと主張するだけで、自由になった黒人を連れもどせるようになったのである。

北部の奴隷制廃止論者たちは、この法律に反対した。議会が法律を可決した翌年、ジェリーという逃亡奴隷がとらえられて、裁判にかけられた。しかし、ニューヨーク州シラキュースにある裁判所へ群衆が殺到した結果、彼は解放された。一八五二年七月四日には、フレデリック・ダグラスが、奴隷制は南部だけでなく、アメリカ国民全体の恥である、と演説した。〈市民諸君。諸君の七月四日、つまりアメリカ独立記念日とは、アメリカの奴隷にとってどんな日なのか想像したことはあるだろうか？　それは、醜悪《しゅうあく》きわまりない不正義と残酷さに、たえず踏みつけにされているのは自分たちだと、奴隷自身が一年のうちでもっとも強く感じさせられる日なのだ。いまこのときにも、あきれ果てるしかないほど残虐《ざんぎゃく》で罪深いことをしている者は、アメリカ合衆国の人々以外、地上に存在しない。〉

アメリカ政府は、奴隷貿易を禁じる法律の実施に熱心でなかったのに、逃亡奴隷をとりしまる法律は広く施行していた。アンドリュー・ジャクソン政権下では、政府は南部と手を結び、南部諸州から奴隷制廃止論派の新聞をしめ出した。また一八五七年、アメリカ最高裁判所は、奴隷ドレッド・スコットは、たとえ一時的に自由州にいたことがあったとしても、自由を求める訴訟を起こすことはできないと裁定した。理由は、彼は人間ではなく財産であるから、というものだった。

いくら反乱を起こそうとも、このような政府が奴隷制を廃止するはずがなかった。廃止できるとすれば、白人が主導権を握り、しかも北部の実業界と政界の要望にかなう場合においてのみだったろう。こうした点で、エイブラハム・リンカーンは、奴隷制をおわらせるのにぴったりの人物だった。

リンカーンは実業界の要望を理解していたうえ、結成されたばかりの共和党の政治的野心ももちあわせていた。ついに彼は正しいことをなすべきだ、と語りだした。人道的見地から、奴隷制反対を情熱的に訴えはじめたのだ。

しかし、政界での行動は慎重だった。奴隷制を廃止すれば、あらたな問題が生まれるだろうことを懸念《けねん》していたのだ。リンカーンは、奴隷制は不当だと思っていたが、黒人と白人が同等だとは考えていなかった。自分にできることはせいぜい、奴隷を解放してアフリカへ送り返すことだ、と思っていたのである。

リンカーンが奴隷解放宣言を発するにいたるまで

北部の経済を牛耳る実業家や銀行家からなるエリート層は、さらなる経済発展を望んでいた。彼らは自由な土地、自由な労働力、製造業に有利な税制を求めており、リンカーンも同じ考えだった。一方、南部の大農園主たちは、リンカーンと共和党のせいで、これまでどおりの安楽で豊かな暮らしはできなくなるかもしれない、と感じはじめた。一八六〇年の秋、リンカーンが第一六代大統領に選ばれると、七つの南部諸州がアメリカ合衆国という連邦から脱退した。そこでリンカーンが、脱退したサウスカロライナ州のサムター要塞《ようさい》にあるアメリカ連邦軍の基地を、力ずくで奪い返そうとした。そのとき、さらに四つの州が抜けた。こうして南部一一州はアメリカ南部連合を結成し、アメリカ連邦軍とのあいだで、南北戦争が勃発《ぼっぱつ》したのである。

奴隷制廃止論者はリンカーンに、南部の奴隷を解放するようにと迫った。しかし、リンカーンは、これは奴隷解放のための戦争ではない、とつっぱねる。彼の目標はあくまで、南部諸州をアメリカ合衆国へ再編入することだったのだ。奴隷制廃止論者で新聞記者のホラス・グリーリーあての手紙に、リンカーンはこう書いている。

〈この戦いでのわたしの究極の目的は、アメリカ合衆国を救うことであり、奴隷制を継続するとか廃止するとかいうことではありません。もしも一人の奴隷も解放することなく連邦を救うことが可能なら、そうするつもりであるし、奴隷全員を自由にしなければ連邦を救えないなら、やはりそうするでしょう。〉

しかし、戦局がきびしさをましてくると、なんとしても勝利したいリンカーンは、奴隷制廃止へ動きはじめた。そして一八六二年九月、南部諸州に対し、もしも彼らが連邦へ復帰しないなら奴隷を解放する、と予備宣言をし、四ヵ月の休戦期間を与えた。だが、南部は攻撃をやめなかった。そこで翌六三年一月一日、リンカーンは奴隷解放宣言を発して、連邦に対して反乱状態にある地域の奴隷解放に踏み切ったのだ。二年後の終戦まぎわ、連邦議会は憲法修正第一三条を可決し、アメリカの奴隷制は法的にも廃止された。

奴隷制廃止という大変革は、黒人、つまりアフリカ系アメリカ人にさまざまな影響を与えることになる。よいことばかりではなかった。黒人が連邦軍へ入隊する自由をえるや、南北戦争は黒人解放のための戦いの様相を呈してきた。そこで白人たちは、戦況が苦しくなればなるほど、黒人に怒りをつのらせていったのだ。もっとも憤慨《ふんがい》していたのは、徴兵された貧しい白人だった。金持ちの白人は、三〇〇ドルで徴兵をまぬがれることができたが、それはとんでもない高額だった。当時、たとえば大工などの特殊技能をもった労働者の日当は約二ドルで、未熟な者はさらに少なかった。一八六三年には北部諸都市で、徴兵反対の暴動が起き、白人は隣人である黒人に襲いかかり、命まで奪った。

また、軍や北部の都市で黒人兵が受けた待遇は、黒人解放がかならずしも受け入れられず、真の平等がもたらされない恐れがあることを示していた。軍では、黒人兵はもっとも過酷で不潔な仕事をあてがわれた。また非番時には、しばしば路上で白人に襲撃されていたのだ。

南北戦争は、それまでの歴史で、もっとも多くの血が流された戦争となった。アメリカ総人口三〇〇〇万人のうち、六〇万人が死亡したのだ。一八六四年後半には、南部は劣勢に立たされていた。原因は兵士不足だったが、奴隷は四〇〇万人もいた。南部連合軍の指導者が奴隷の徴兵を口にしはじめたとき、ある将軍は驚きのあまりこう書き残した。〈もしも奴隷がりっぱな兵士になれるなら、奴隷制というわれわれの制度は、まちがっていたということになるではないか。〉一八六五年三月、南部連合の大統領ジェファーソン・デイビスは、黒人を南部連合軍へ入隊させる法律にサインした。しかし、この法律が発効する前に、戦争はおわった。南部は敗れ、黒人奴隷は、ついに解放されたことを知ったのだ。

黒人に対する裏切りと搾取《さくしゅ》

一八六五年当時、まだ幼い子どもだったアフリカ系アメリカ人たちは、南北戦争から何年が経過しようとも、解放のニュースを耳にしたときの奴隷たちの涙、歌声、そして未来へいだいた希望を忘れなかった。それは偉大な祝福のときであり、あらたなる夜明けだった。それでも、大半の黒人は、戦争終結後の自分たちの身分は、奴隷を自由にするという法律で守られることはないだろう、と覚悟していた。みずから土地をもつか、だれかのために働くかのどちらかしかない、とわかっていたのだ。

南部の土地の多くは、南部連合時代の所有者の相続人へもどされるか、北部の土地投機業者や投資家に買い占められた。ほとんどの黒人は、土地を買う経済力などもっていなかった。元奴隷のトマス・ホールはこう語っている。〈リンカーンはわれわれを解放したことで賞賛された。しかし、彼は本当にそうしたのだろうか?〉大統領リンカーンは奴隷を自由にしたとしても、自立してやっていくための機会までは提供してくれなかった、とホールは感じていた。解放された奴隷が仕事をえて生き残っていくには、あいかわらず白人に頼らなければならなかったのだ。

アメリカ政府が南部の奴隷州と戦ったのは、奴隷制廃止のためではなく、南部の広大な土地と資源、そして市場を支配しつづけるためだった。とはいえ、奴隷制廃止は政治にあらたな諸勢力を招き入れることになった。一つ目の勢力は、人種的平等を実現しようとする白人たちだった。なかには、解放された黒人支援のために政府が立ちあげた解放民局で働いたり、南部で教職についたりする者もいた。二つ目の勢力は、自分たちの自由を、確固たるものにしたいと考える黒人だった。そして三つ目の勢力が、共和党である。共和党は連邦政府へ影響力を及ぼしつづけたいと願い、南部の黒人票に期待するようになった。また、北部の実業家たちも、共和党の考えは自分たちの益になると感じ、しばし両者は足並みをそろえることになる。

こうした三つの勢力のおもわくにより、黒人の州議会議員や上院議員、下院議員が、短期間ながら登場することになった。南北戦争後のいわゆる再建期には、南部の黒人にも投票権が与えられたのだ。そのうえ南部には、差別的でない自由な教育ももたらされた。新しい法律は黒人を差別から守り、平等な権利を保障した。ところが、黒人は白人の仕事に依存していたために、ときには自分の投票権を進んでゆずったり、暴力によっておどしとられたりすることもあった。

黒人に対する白人の暴力は、南北戦争終結後まもなく南部で爆発する。一八六六年五月、テネシー州メンフィスで、白人たちが四六人の黒人を殺し、黒人の家や教会、学校を一〇〇軒以上焼き討ちにした。クー・クラックス・クランをはじめとする白人のテロリスト集団が結成され、襲撃や殴打《おうだ》事件、人種憎悪に根ざした私刑《リンチ》と呼ばれる殺害行為など、暴力が横行しはじめたのだ。一八六七年から七一年のあいだに、ケンタッキー州だけでも、人種差別に起因する暴力事件は一一六件も起きている。

白人による暴力は、一八七〇年代から増加の一途をたどっていったが、連邦政府は積極的に黒人を保護しようとはしなかった。また北部の政治家たちは、投票権をもった黒人層からの支持より、共和党支配を受け入れるはずの白人が統制する安定的な南部に、うまみを感じるようになっていた。

　こうして、たとえ法律上は自由の身であろうと、黒人が奴隷制時代と大差のない状況へ逆もどりさせられるだろうことは、時間の問題になってきたのだ。

　一八七七年、共和党の幹部は、共和党候補ラザフォード・ヘイズを第一九代大統領にするため、南部と取り引きをした。当選に必要な選挙人団の票をとりまとめてもらう見返りに、南部から連邦軍を撤退させることにしたのだ。これで、南部の黒人を保護してきた、最後の軍事的支えがなくなった。さらには、南部諸州が平等をなしくずしにする法律を制定しはじめて、黒人は法的な面での保護も失おうとしていた。

　一九世紀がおわるころ、アメリカ合衆国最高裁判所が、人種隔離、つまり人種による分離を認める法律を合憲と判断した。この判決に反対したのは、元奴隷所有者だったジョン・ハーランという判事一人だけで、彼は「われわれの憲法は色覚異常」である。つまり、憲法は人の肌の色を問題としていない、といって非難した。

　経済が崩壊した南部は、財源不足に苦しんでいた。そのため北部の銀行家や投資家と、南部の富裕層とがあらたに手を組むことになった。彼らはいわゆる〈新南部〉の石炭や鉄の鉱山、各種事業や鉄道について話し合ったが、その将来図には、元奴隷たちはまったく登場していなかった。南部全州では一九〇〇年までに、黒人から選挙権を剝奪《はくだつ》し、不平等に扱うことを認める法律が制定されていたのだ。

最悪の状況に追いこまれて、黒人は自分たちが裏切られたことを知った。暴力と貧困からのがれられるかもしれない、と南部から離れる者もいた。リンチが年間に一〇〇件をこえるようになると、南部に残った者たちは自衛しはじめた。《ニューヨーク・グローブ》の若い黒人記者トマス・フォーチュンは、連邦上院でこう発言している。「黒人を撃ち殺した白人はつねに無罪放免になるのに、ブタを一匹盗んだ黒人は、一〇年も刑務所につながれているではないか」

アトランタ大学で教鞭《きょうべん》をとるようになった黒人の学者W・E・B・デュボイスは、黒人に対する裏切りを、アメリカで起きつつあるより大きな現象、つまり搾取《さくしゅ》の表れだ、とみなした。そして黒人だけでなく貧しい白人もまた、政治家や強力な事業家から不当に利用されている、と考えたのだ。白人は投票権をもっていたため、自分たちが搾取されているとは思っていなかったが、デュボイスは、〈巨大資本という独裁政権〉が、そうした白人票の影響力を制限している、と説いた（ここで述べられているのは、資本主義と呼ばれる経済システムだ。それは、国家ではなく、資本家である個々人や個人企業が、農場や工場という生産手段を所有し、互いに市場で競争して価格を決め、富を蓄積していく仕組みのことである)。

デュボイスの考えは正しかったのだろうか？　アメリカ資本主義の発展は、黒人と同じように、ある意味で白人を奴隷にすることまで意味していたのだろうか？

第10章

政府はだれのもの?

一九世紀のアメリカ合衆国で戦われていたのは、南北戦争だけではなかった。別の内戦も進行中だったのだ。それは階級間の闘争だった。学校の教科書で、階級闘争に触れられることは少ない。書かれているのは、共和党と民主党の衝突ばかりだ。たしかに、この二つの政党は、社会権力のほとんどを握る階級の代表だったのだが……。

「政府は一般国民の利益に奉仕する」という幻想

一八二八年に大統領に選ばれたアンドリュー・ジャクソンは、自分は労働者や農民という〈つつましい地位にある者〉の代弁者である、といった。なるほど彼は、生地から追い出されたインディアンや、奴隷にされていた黒人の代弁者ではなかった。しかし、政府は白人層からの幅広い支持をほしがっていた。それをえるために考え出されたのが、〈ジャクソニアン・デモクラシー〉という神話である。

この神話によって一般国民は、自分たちは政府に対して発言権をもち、政府は自分たちの利益に奉仕するものだ、と信じるようになった。だからこそ政府は、必要なときに支持がえられるように、みずからを下層階級と中産階級を代弁するものである、と称したのだ。それは、共和党と民主党という二つの政党のどちらかを選ぶ機会を国民に与え、少しばかり民主的なほうを選ばせることで、彼らをコントロールしようという巧妙な方法だった。そのうえどちらの政党も、国民が望んでいるものをいくらか――けっしてたくさんではなく――与える改革を行えば、国を支配しつづけられるとわかっていたのだ。

アメリカはとほうもないスピードで、熱狂のうちに成長中だった。この国は、国民の多くが都会に住むという、都市型国家になりつつあった。都市部に住んでいた者は、一七九〇年には一〇〇万人に満たなかったのに、一八四〇年には一一〇〇万人になっていた。ニューヨーク・シティだけでも、一八二〇年には一三万人、六〇年には一〇〇万人にふくれあがっていたのだ。

都市に住む者の大半は、きわめて貧しかった。フィラデルフィアでは、労働者階級は、〝共同住宅〟と呼ばれる安アパートでひしめきあっていた。一家族がひと部屋で暮らし、衛生的な水道施設もトイレもなかった。ニューヨークでは、貧しい者はゴミとともに路上に寝そべっていた。貧民街《スラム》には下水道もなく、汚水が建物に流れこみ、命にかかわる伝染病を蔓延《まんえん》させていた。

こうした貧しい者たちは、支持をえるべき国民として政府にあてにされることはなかった。彼らは奴隷やインディアンと同じだった。日ごろは政府の目には映っていないものの、暴動を起こしたとたん、富裕層の脅威になるのだ。しかし、それほど貧しくなかった一般市民は、当時の社会体制を支持していたと思われる。土地をもっている農民や、わりのよい仕事についている労働者、都会の事務所《オフィス》で働く者たちは、それなりの報酬《ほうしゅう》を手にし、それなりに扱われ、そして危機が訪れたときには、社会体制や、その体制を支配している上流階級を忠実に支えることになる。

アメリカを動かしたのはお金だった

一九世紀のアメリカでは、経済が急成長していた。運河や鉄道、電信装置により、フロンティアの開拓もどんどん進んでいた。鉄製の犂《すき》や自動刈り取り機のような新しい農機具によって、農業の生産性は一段と高まった。しかし、経済は人間の思いどおりに計画したり管理したりできるものではなく、企業家の利潤追求により不安定に変動していた。成長と繁栄にわく好況期と、不振と失業が襲ってくる不況期がくり返されていたのだ。

そこで企業家たちは経済を安定させ、競争をへらそうと、互いに手を組むようになった。多数の鉄道会社が合併して、ニューヨーク・セントラル鉄道という一つの会社をつくったのが一例だ。また企業は、自分の会社の商品やサービスに、国民に負担を押しつけるような価格をつけ、会社間で協定を結ぶことによって競争をへらした。おまけに、政府からの援助もとりつけていた。一八五〇年から五七年までの七年間に、鉄道の諸会社は、州や連邦政府から、数百万ドルの融資を受け、さらに二五〇〇万エーカー（約一〇万平方キロ）の土地まで譲渡されている。

南北戦争前夜に、国の統治者たちの頭を占めていたのは、奴隷制をどうするかという問題ではなく、金もうけのことだったのだ。セオドア・パーカーという牧師は、集まった信徒にこう話しかけたという。「現在、この国でもっとも強い力をもっているのはお金です」

しかし、いくら知恵をめぐらそうと、政治や経済はそうかんたんにコントロールできるものではない。人であふれ返った都市に住む貧しい人々は、新しい機械が稼動する工場での長時間労働、物価高、失業、病気、安アパートでのみじめな暮らしに対し、しばしば怒りを爆発させた。一八二七年、職人たちの会合で一人の若者が、どんなに自分たち労働者の生活が苦しく、いかに上役から都合よく扱われているかについて、こう語ったという。

〈おれたちは四方八方から押さえつけられている。生活を便利にし、人を喜ばせる物を、必死に働いてつくっているのに、ほんの少しの賃金しかもらえない。おまけに、こんな時代では、それさえも雇い主の気分しだいだ。〉

突発的に、富裕層に対する暴動が起きることもあった。しばしば怒りは、黒人やカトリック教徒、移民へも向けられた。また、経済を支配している銀行家や土地投機業者、地主、商人に対し、貧しい者がデモやストライキをして、怒りをぶつけることもあった。しかし、こうした抗議行動は組織されたものではなかった。

踏みにじられていた労働者たちが立ちあがった

一八二九年、フィラデルフィアの労働者が、市全体に呼びかけて労働者団体の集会を開いた。この集会が、アメリカでの全市的な労働者集会の魁《さきがけ》の一つとなった。講演者には、社会改革家にして女性の権利拡張を唱えるスコットランド人女性フランシス・ライトが招かれた。ライトは、独立革命戦争とは〈この国の働く男女をしいたげるため〉のものだったのか、と問いかけた。そして、新型の工業機械は、人間による労働の価値をさげ、人間を機械のしもべにおとしめ、働く児童の心や体をむしばむものではないのか、と続けた。

賃金と労働条件の改善を求めて、労働者は職業別に団結し、組合をつくりはじめた。一八三五年、フィラデルフィアでは、製本、家具づくりなど五〇種に及ぶ職業の職人たちが、労働組合を結成した。彼らは一日の労働時間を一〇時間までへらそうとストライキを続け、要求をとおした。

各地の裁判所は、組合活動は会社経営をそこなわせる不法な陰謀であるとして、労働組合を非難した。ニューヨークの裁判所が、ある仕立職人に対し、〈陰謀〉をくわだてたとして罰金刑を宣告したときには、二万七〇〇〇人の市民が市庁舎《シティホール》の前に詰めかけ、判決に抗議した。そのとき張り出された一枚のビラには、こう書かれていた。

〈貧しき者が金持ちに踏みにじられたのだ! 職人及び労働者諸君に告ぐ! 諸君の自由に対し、恐るべき一撃が加えられた。働く者には労働の価値を決める権利はない。すなわち、貧しき者の要求を裁くのは富める者である、との先例が打ち立てられたのだ。〉

こののち、ニューヨーク州各地で、農民と労働者により平等権党が結成され、公職に代表を送り出そうと候補者が立てられた。一八三七年、アメリカは金融恐慌《きょうこう》に見舞われ、食料や燃料、家賃が急騰《きゅうとう》した。ニューヨーク・シティでは、全労働者の三分の一にあたる約五万人が職を失った。平等権党が大規模な集会を開いたとき、集まった人々は暴徒化して、あふれんばかりの小麦粉や穀物が詰めこまれた倉庫へ襲いかかった。

フィラデルフィアでは、労働運動は順調なスタートを切っていた。しかし、織物組合内で、アメリカ生まれのプロテスタントの労働者と、アイルランド移民のカトリック信者とが宗教的に対立し、労働運動は分裂する。

当時アイルランドでは、ジャガイモの疫病が広がって収穫ができず、飢饉《ききん》が起きて、人々はアメリカへのがれてきていた。こうした新しい移民は貧しいうえに差別されたため、アメリカの黒人奴隷の苦境を理解する余裕はなかった。実際、労働者階級出身の組合活動家のほとんどは、黒人を無視していた。連邦議会議員に選ばれた、ニューヨークの労働運動の指導者イーライ・ムーアは、奴隷制廃止に反対していたほどだ。富裕層への不満が解消されないために、労働者層の怒りの矛先は、かんたんに黒人差別へとふり向けられたのだ。

ところで、一八五〇年のアメリカの総労働人口は、約八二五万だった。奴隷であれ自由民であれ、大半の者がまだ農業に従事していた。そのうち、五〇万人の女性が、家から出て外で働いていた。大多数が家事使用人として働き、残りの者は工場、なかでも織物工場で働いていた。また、約五万五〇〇〇人は教師だった。

とりわけ労働運動に熱心だったのが、織物工場で働く女性だった。マサチューセッツ州ローウェルの工場に勤めていた少女をふくむ女性たちは、労働環境の改善を求めて、何度もストライキに打って出た。一日の労働時間を、一三時間半から一一時間にへらすことを求めて行われたストもあった。また、一一歳ながらストに参加しようと決心した少女、ハリエット・ハンソンに励まされたストライキもあった。

〈なかなか態度を決められない同じ部屋の女の子を見ているうちに、この子たちは口先ばかりで、参加する気はないのだろうと思えてきて、わたしはがまんがならなくなり、子どもっぽい強がりから、みんなの前に立っていいました。「あんたたちがどうしようとかまわないけれど、わたしは行くわよ。ほかの人のことなんてどうでもいいわ」そして、さっさと部屋を出ました。すると、女の子たちもついてきたのです。ふり向くと、自分の後ろに長い列ができていて、それまでになく誇らしい気分になりました。〉

ニュージャージー州パターソンの織物工場では、子どもがはじめてのストライキを起こした。会社が昼食時間を正午から午後一時へ変更したとき、子どもたちは職場を放棄したのだ。親たちも加勢し、ほかの職業の人々も加わって、このストは一日一〇時間労働を勝ちとるための戦いへと発展した。

一八五七年、マサチューセッツ州リンの靴工場で働く者たちは、不景気に苦しんでいた。多数がくびを切られたり、賃金をさげられたりしていた。そこで靴職人はストライキに打って出たが、そのストは二五の町へ広がり、数ヵ月間続くことになる。ついに工場主たちは賃金アップを提示し、労働者を連れもどしたが、組合の存在自体は認めなかった。労働者は、あいかわらず個別に雇い主と交渉しなければならなかったのだ。

南北戦争期に入ると、北部の労働者は、賃金は低くおさえられたままなのに、値上げされた食料や日用品を買わざるをえなくなった。そのため、全国各地でストライキが起きた。一八六三年のある新聞は、〈ニューヨークにて革命起きる〉との見出しのもと、数々の労働運動や抗議行動、ストライキを列挙した。貧しい者の怒りが、ふき出してきたのだ。

北部の白人労働者は、黒人奴隷、あるいは事業家のための闘争の様相を呈してきた南北戦争に、反感をいだくようになった。この戦争では富豪《ミリオネア》という、あらたな階級が得をするだけだ、と感じていたのだ。そこで彼らはストを打ったが、連邦軍によって力ずくで鎮圧《ちんあつ》された。

彼らが不満を爆発させたもう一つの理由は、連邦軍への徴兵だった。三〇〇ドルもの大金をおさめられる裕福な男は、兵役をのがれられた。だが、貧しい者には選択の余地はなく、戦場で危険にさらされることになったのだ。ニューヨークをはじめとする諸都市で、徴兵反対の暴動が起きた。貧しい人々や労働者の怒りは、金持ち、黒人、共和党員という複数の対象へ向けられた。暴徒化した群衆が工場や裕福な人々の邸宅をこわし、黒人の孤児院を焼き払い、路上で黒人を殺害した。鎮圧のために、軍隊が投入されるほどだった。

南部でも、階級闘争が起きていた。南部の白人の大多数は、奴隷を所有していない貧しい農民だった。なかには、奴隷同様のみじめな暮らしをしている者もいた。事情は北部と同じで、富裕層は金で兵役を免除されたのに、貧しい者たちは徴兵されたため、やはり徴兵反対の暴動が起きたのである。

不況のどん底と貧しい者たちの闘い

南北戦争が騒然と続いているさなかに、連邦議会とリンカーンは、実業界の要望にこたえようと、一連の法律を制定する。モリル関税法によって、外国製品の価格が引きあげられた。そのため、アメリカの製造業者は自分の商品を値上げできるようになり、消費者はさらに高い代金を払わされるはめになった。また、アメリカまでの渡航費と引きかえに、外国から労働者を雇うことができるとする契約労働法も制定された。この法律によって、雇い主たる事業家は安い労働力、さらには将来のスト破り要員——スト中の組合員の仕事を代行させるために雇い入れる者——まで獲得できるようになった。おまけに、動力とする水車用のダムをつくるため、他人の土地を浸水させる権利を製鉄所の工場主に認める法律、農民からとりあげた土地を、鉄道会社や運河会社へ与える法律などもできた。

州法にも連邦法にも、働く人々を保護しようという姿勢は見受けられなかった。健康や安全管理についての法律はないに等しく、あったとしても守られなかった。ある工場が崩壊し、八八人の労働者が死亡する事故が起きた。内部に設置した重機を支えるだけの強度が、その建物にはないことを工場主は知っていた、との証拠があったにもかかわらず、裁判所は工場主ら経営側を罪に問わなかった。

南北戦争がおわって、職探しをはじめた帰還兵は、戦争中、女たちが工業分野で働いていたことを知る。彼女らは織物や縫製の仕事にとどまらず、葉巻職人や印刷工にもなっていた。なかには、自分たちで組合を結成する者もいた。また黒人労働者も、みずから組合をつくった。

一八七三年、アメリカはふたたび経済危機に見舞われる。小さな会社を倒産させ、労働者には飢《う》えと寒さと死をもたらす、不況の時期がめぐってきたのだ。一方で、富裕層は安泰のまま、さらに富をふやしていった。

不況は一八七〇年代をとおして続いた。何万もの人々が仕事、さらには住む場所さえ失った。食べ物を求め、多くの者が田舎をうろつくようになった。絶望のあまり、ヨーロッパや南アメリカへ移住しようとする者もいた。失業者は政府に救済を訴えて、大規模な集会を開いた。

一八七七年の不況のどん底期、鉄道会社の労働者が一連の大ストライキを起こし、この国は大きく揺すぶられることになる。ウェストバージニア州マーティンズバーグの鉄道会社の労働者が、賃金カットと、けがや死亡事故につながるような劣悪な労働条件に抗議して、ストライキに打って出たのだ。彼らは列車の運行を停止したものの、連邦軍が動かした。しかし、メリーランド州のボルティモアでは、ストを支持する市民が州兵の本部建物をとりかこみ、兵士へ投石。州兵の発砲で、少年をふくむ一〇人の男が死亡した。列車の車庫では、群衆が機関車をたたきこわし、騒ぎはいっそうはげしくなった。

鉄道会社の労働者の反乱は、ペンシルバニア州のピッツバーグへと広がった。労働者一〇人が州兵に殺されるや、市全体が怒りに燃えあがった。何千人もの市民が貨物列車を略奪し、ピッツバーグは火事と戦闘にのみこまれた。同じくペンシルバニアのレディング、またシカゴ、セントルイス、ニューヨークでも、ストライキや暴動が勃発《ぼっぱつ》した。だが、当局の反応はすばやく、暴力的だった。

シカゴの若い労働者たちが人々にストライキを呼びかけ、鉄道や材木置き場、工場を閉鎖したときには、警官隊が襲いかかった。〈最初の一分間は、頭蓋骨《ずがいこつ》に警棒がふりおろされる音に吐き気をもよおしたが、すぐに感覚は麻痺《まひ》してしまった〉と、ある新聞は報じている。〈警官になぐられた者は、かならず倒れこむように思われた。地面は、横たわる人々でおおわれていたからだ。〉ニューヨークの平和的な労働集会では、講演者が高らかにこう述べた。「われわれ貧しき者は、多くは所有できないかもしれない。それでも言論の自由がある。そして、何者にもそれを奪うことはできないのだ」そのとき、警棒をふりあげた警官が突進してきたという。

一八七七年の大鉄道ストライキでは、全国の鉄路で半分以上の貨物列車が止められ、一〇〇人が死亡し、一〇〇〇人が投獄された。ストに加わった労働者は一〇万人にのぼり、都市部のおびただしい数の失業者を直接行動へ駆り立て、一連のストはようやくおわった。

鉄道会社は労働者の要求をいくらか聞き入れたものの、彼らへの締めつけはいっそうきびしくなった。実際にはなに一つ変わらなかったのだ。約束された平等を実現していくだけの力は自分たちにはない、と黒人が思わせられたように、私的資本と政府権力との結託に対抗できるほど、自分たちには勢いも団結力もなかったのだ、と労働者は気づかされた。しかし、彼らの戦いは続いていく。

第11章

格差のピラミッド

南北戦争から一九〇〇年までの約四〇年間で、蒸気機関と電気が人間の筋肉にとってかわるようになった。アメリカ国内には一九万三〇〇〇マイルの線路がしかれ、電信、電話、タイプライターのような新しい機器が、事務の仕事をスピードアップさせた。石油と石炭が工場の機械を動かし、都市部の住宅や街路にも明かりがともされた。発明家や事業家が、こうしたことを実現させていったのだ。

発明家のなかには、事業をおこす者もいた。トマス・エジソンは電気装置を発明したばかりでなく、みずからたくみにそれを売りさばいた。他人の発明品を利用し、会社を立ちあげてひと財産築く者もいた。シカゴの食肉解体業者グスタバス・スウィフトは、冷蔵貨物車と冷蔵倉庫を組み合わせて、一八八五年、アメリカ最初の精肉加工工場をつくった。

進歩は労働力を求めた。あらたな仕事の大半は、かつてない速さで流れこんできた、新しい移民がになうことになった。一八八〇年代には五五〇万人、九〇年代には四〇〇万人が、移民としてアメリカへ渡ってきた。東海岸へ到着した者の多くは、南ヨーロッパと東ヨーロッパ出身者だった。一八八〇年の西海岸カリフォルニアでは、中国からの移民が州人口の一割を占めていた。新参の中国人とユダヤ人は、人種差別のターゲットにされ、たとえばアイルランド系のような、先に渡ってきた者からしいたげられることもままあった。

移民に対する暴力には、殺意がふくまれていることさえあった。一八八五年、ワイオミング州のロックスプリングズでは、白人たちが二八人の中国人移民を殺害した。それ以前に、小説家ブレット・ハートは、カリフォルニアで殺された中国人男性ウォン・リーをいたんで、こう書いている。

〈死んだ。わが敬愛すべき友が死んだ。キリスト紀元一八六九年、サンフランシスコの路上にて、年端《としは》のゆかぬ少年や、キリスト教学校の生徒のひと群れにより、石に打たれて殺されたのだ。〉

一九世紀後半のアメリカでは、人類史はじまって以来の飛躍的な経済成長が続いていた。成長から生み出される富は、ピラミッドに似た構造をつくっていた。そのピラミッドを実際に建設して支えているのは、黒人、白人、中国やヨーロッパからの移民、女性という労働者層で、頂上には、新しい大富豪である億万長者《マルチミリオネア》が鎮座《ちんざ》していたのだ。

広がる貧富の差

こうした大富豪のなかには、貧乏のどん底から身をおこした者もいないではなかった。〈赤貧から富豪へ〉という出世物語は、国民の大多数を占める貧しい労働者に、いつかは自分も金持ちになれるかもしれない、と思わせるのに効果的だった。しかし、ほとんどの富豪は、上流階級か中産階級出身だった。この時代に台頭してもっとも裕福になった者たち、たとえば銀行家J・P・モーガン、石油王ジョン・D・ロックフェラー、鉄鋼王アンドリュー・カーネギー、財政家ジェームズ・メロンやジェイ・グールドは、金を払って身代わりを立て、南北戦争の徴兵をまぬがれていた。メロンの父親は、息子にこう書き送っている。〈(おまえより) 価値の低い命はいくらでもある。〉

彼らは政府と裁判所の助けを借りて、巨万の富を築いた。支援をえるには、対価を支払わなければならないこともあった。たとえば、トマス・エジソンは自分の事業に有利な法律を制定してもらう見返りに、ニュージャージーの政治家たちに、一人一〇〇〇ドルを贈ることを約束している。

歴史の本ではしばしば、最初の大陸横断鉄道は、アメリカの偉大な業績として賞賛されている。じつはそれは二つの鉄道会社の、血と汗と政略、そして盗みに等しい行為によってつくられたものだった。セントラル・パシフィック鉄道は、西海岸から東へ向かって線路の敷設《ふせつ》を開始した。この会社はワシントンDCに二〇万ドルのワイロを贈り、ただで土地をもらって、無利息の融資を受けていた。しかし、アイルランド人と中国人の労働者には、一日に一ドルか二ドルしか払っていなかった。

ユニオン・パシフィック鉄道会社は、ネブラスカを起点に西へ向かっていたが、会計のごまかしを調べられないように、連邦議会議員に自社株をきわめて安値でゆずって買収した。一方でこの会社の労働者たちは、熱波や寒さ、自分たちの土地への侵入を許さないインディアンとの戦いで、何百人もが命を落としていた。

ロックフェラーは、石油という新しい産業で巨富を築いたが、それには鉄道会社との秘密協定もひと役買っていた。もしも安い運賃を提示してくれるなら、石油の運送はその鉄道会社に任せるとしたのだ。この密約でロックフェラーは懐《ふところ》をいためることなく、安く石油を売れるようになり、ライバルの石油会社をまんまと市場から追い出した。おまけにそうしたライバル会社を買いとって、この産業分野を独占するようになっていく。

一九世紀後半のやり手の事業家はしばしば、〝泥棒貴族〟と呼ばれた。彼らは、旅人の持ち物を奪っていた中世イギリスの追いはぎ貴族のように強引で、富の大半を、貪欲《どんよく》で不誠実な手口でえていたからだ。商品の価格は高く維持し、労働者への賃金は低くおさえて市場の競争に勝ち、自分に有利な法律や税制という形で政府から援助を受け、産業分野ごとに帝国を築いていったのだ。政府は中立をよそおっていたものの、実際にはこうした大富豪に便宜《べんぎ》をはかっていた。上流階級間の争いを穏やかにおさめ、下層階級を支配しつづけ、経済体制の安定をはかることが、政府のねらいだった。

一八八四年の大統領候補グローバー・クリーブランドの選挙運動には、そんなアメリカ政界のあり方がはっきりと表れている。多くの人々が、民主党員であるクリーブランドは、独占体制や大企業の支配に反対だろうと考えていた。しかし、彼は産業界のリーダーたちに、「自分が大統領であるあいだは、どんな会社の利益も、けっしてそこなわれることはないでしょう」と約束したのだ。第二二代大統領に当選するや、クリーブランドは、貧しき者より富める者の味方であることを示してみせた。国庫にはたっぷりと資金があるのに、旱魃《かんばつ》に襲われたテキサスの農民に、穀物の種を購入するための補助金一〇万ドルを拠出することをこばんだのだ。同じ年、クリーブランドは、額面よりずいぶん高い値段で、富裕層から国債（国が財源をえるために負う金銭債務）を買いとった。その結果、金持ちには、四五〇〇万ドルがプレゼントされることになった。

ピラミッドの頂点にいる者を保護する政府

大企業の勢いをおさえようとした政治家も少数ながら存在した。企業の独占化をはばむために、上院議員のジョン・シャーマンはシャーマン反トラスト法を提案し、それは一八九〇年に連邦議会で可決された。いま軌道修正しておかなければ、大事業の支配に反対する者たちが、ヨーロッパからもたらされた新しい危険な思想に引かれていくのではないか、とシャーマンは恐れていたのだ。

危険思想の一つ目は社会主義だった。政府あるいは人々が一体となり、農場や鉱山、工場といった生産手段を所有する経済体制で、そうした生産手段は個人の利益のためではなく、全体の利益のために利用される。危険思想の二つ目は共産主義で、社会主義をさらに押しすすめ、貧富による階級区分と私有財産をなくそうとする考えだ。共産主義社会では、すべてのものが全員によって所有され、必要に応じてだれもがそれを利用できるとされる。そして、三つ目の危険思想が無政府主義であり、政府自体が不要、さらにはまちがっているとする考えだ。

シャーマン反トラスト法は、労働者や貧しい人々のあいだに、社会主義や共産主義が根づいてしまわない程度に、資本主義体制を修正することをねらっていた。ところが、この法律ができて二〇年もたたないうちに、アメリカの最高裁判所は、反トラスト法を骨抜きにするような解釈をし、同時に大企業にさらなる保護を与えた。こうした判断によって、富裕層はずっとピラミッドの頂上にいられたのだ。最高裁判事の一人デイビッド・J・ブリュワーは、一八九三年にこう述べている。「社会の富が少数者の手にゆだねられることは、不変の法則である」教会、学校、企業、そして政府は、現在の社会こそが正しいのだ、と説くことで、人々の考えを統制しようとした。貧困とは、個人的な怠慢《たいまん》の結果であり、裕福な者は裕福であるにふさわしいことをしている。そして資本主義体制は正しく、適切である、と教えたのだ。

だれもがこうした考えを受け入れたわけではなかった。資本主義体制をはげしく糾弾《きゅうだん》しようとする者、ほかの生き方を模索する者もいた。その一人がヘンリー・ジョージだった。フィラデルフィアの労働者階級出身のジョージは、独学で新聞記者となり、さらに経済学者となった。一八七九年に出版された著書『進歩と貧困』は、世界じゅうで読まれることになる。ジョージは、土地は富の基礎であるとし、土地への課税によって貧困問題を解決するに足りるだけの財源が政府にもたらされる、と説いた。また、エドワード・ベラミーという弁護士は、ユートピア小説『かえりみれば』で、西暦二〇〇〇年の世界を描いた。希望にあふれる未来社会で選ばれていたのは、社会主義体制だった。その社会では個人間の争いはなく、人々はともに働き、協力して暮らしていた。

一八八〇年代から九〇年代にかけて、全国各地で、労働者や農民がさかんに抗議運動を行った。これらは、以前の未組織のストライキを上回る規模のものであり、支配層をおびやかした。

各都市には革命的な団体が現れ、あちこちで革命的な言辞が聞かれるようになった。

一八八三年、ピッツバーグで無政府主義者の大会がもよおされた。大会では、〈性別や人種で差別されない、万人のための平等な権利〉を求める宣言文が採択された。また、〈万国の労働者よ、団結せよ！　鎖のほか、諸君には失うものはない。勝ちとるべき世界があるのみ！〉という、一八四八年の『共産党宣言』（マルクスとエンゲルスが労働者の国際的団結を訴えて起草した文書）の一節も引用されていた。

無政府主義者を弾圧したへイマーケット事件

一八八六年、ついに既存の体制と新しい思想が衝突した。結成から五年目の労働組合アメリカ労働総同盟が、一日の労働時間を八時間へ短縮することをこばまれた労働者へ向けて、全国的なストライキを呼びかけた。これにこたえて、一万一五〇〇以上の事業所で働く、約三五万人がストに入った。

イリノイ州のシカゴでは四万人がストに参加した（ストをされまいとして雇用側が折れた結果、彼らとは別に四万五〇〇〇人が労働時間の短縮を獲得した）。工場の外では、スト参加者と支援者が、みながストをしているときに働こうとするスト破りと衝突した。警官が群衆に発砲し、四人のスト参加者が死亡した。このあと、労働者のリーダーで無政府主義者のオーガスト・スパイズが、武装して雇用主と戦え、と呼びかけるビラを印刷した。

翌日、シカゴのヘイマーケット広場では、別の無政府主義者たちが約四〇〇〇人の聴衆へ訴えかけていた。平穏な集会だったにもかかわらず警官がやってきて、群衆に解散を命じた。と、いきなり爆弾が破裂し、六六人の警官が負傷して、うち七人が死んだ。事態は警官の発砲により、市民数人が死亡し、二〇〇人がけがをする大騒動へと発展した。

だれが爆弾を投げこんだか不明のまま、当局は殺人をそそのかしたとして、スパイズをはじめとする八人の無政府主義者を逮捕した。イリノイの州法では、殺人教唆《きょうさ》は殺人罪と同様の扱いだった。八人に不利な証拠といえば、彼らの思想とビラのような文書であり、身をもって実行したことを裏づけるものはなかった。しかも爆発が起きたときには一人をのぞき、ヘイマーケット広場に彼らはいなかったのだ。しかし、陪審は八人全員を有罪とし、七人に死刑が宣告された（四人が絞首刑になり、一人は刑の執行前に自殺し、残る三人は最終的には恩赦《おんしゃ》によって釈放された）。

世界じゅうの人々が、きびしすぎる判決に反対してデモを行った。シカゴでは、二万五〇〇〇人が抗議のデモ行進をした。その後も何年にもわたり、ヘイマーケット事件で命を奪われた者をいたむ集会が、全国各地で開かれた。また、ヘイマーケット事件に感化されて、政治活動へ入っていく者もあった。

社会主義対民主主義、そしてポピュリズム

ヘイマーケット事件の犯人とされた者たちの死刑が執行されても、労働運動はつぶれなかった。一八八六年は、〈労働者蜂起《ほうき》の偉大な年〉となったのだ。南部では、サトウキビ畑の中で組合が結成され、労働者がストライキに打って出た。ルイジアナ州では、スト指導者だった二人の黒人が逮捕され、その後二度と彼らの姿が見られなくなったため、州兵とスト決行者とのあいだで銃撃戦が起きた。ティボドーという町での惨劇《さんげき》を、ニューオーリンズの黒人の新聞記者はこう伝えている。

〈脚の悪い男も、目の見えない女も撃ち殺された。子どもも白髪の老人も、情け容赦《ようしゃ》なくなぎ倒されたのだ！　黒人たちは無抵抗だった。ここまでの殺戮《さつりく》は予想しておらず、抵抗できなかったのだ。殺されなかった者たちは森へ逃げこんだ。アメリカ合衆国の市民が、州判事の命を受けた暴徒に殺されたのだ。賃金アップを求めただけで、働く者たちがイヌ同然に扱われてしまうとは！〉

数年後、テネシー州では、炭鉱労働者がストライキを打った。鉱山会社側が、作業を再開させるために囚人を送りこんできて、労働者たちは力ずくで現場から排除された。ペンシルバニア州のホームステッドにあるアンドリュー・カーネギーの製鉄工場でも、ストライキが起きた。政府はスト鎮圧《ちんあつ》のために州兵を送りこみ、工場側はスト破り要員を使って、製鉄の仕事を続けさせた。二ヵ月後、ストは制圧された。

一八九三年、アメリカはかつてない経済危機へ突入した。この大不況は何年も続き、ストライキが続発した。もっとも大規模で暴力的なストは、一八九四年、プルマン鉄道会社の労働者が起こしたものだ。これを機に労働運動と社会主義活動に生涯をささげることになった人物が、ユージン・デブスである。デブスはストライキを支援したかどで逮捕された。二年後、彼はこう書いている。

〈これは、社会主義対資本主義という問題だ。人間性を信じるがゆえに、わたしは社会主義を信奉する。われわれは長いあいだ、黄金の支配に毒されてきた。金は、文明にふさわしい土台を構成するものではない。社会を再生させる時機がやってきたのだ。われわれは、全世界的な変革の、まさに前夜にいる。〉

労働者と同じく、農民もまた苦しんでいた。農機具の値段や、穀物を運ぶ鉄道運賃はどんどんあがっていくのに、農作物の価格はさがりつづけていた。多くの農民が借金を返せなくなり、農地を手放した。

互いに助け合おうと、農民たちも労働組合に似た連合組織をつくりはじめた。そして共同購入によって物品を安く買い、農民保護のための法律を制定するように政府に働きかけるようになる。こうした団体の一つである農民連合から生まれてきたのが〝ポピュリズム〟だ。それは、〈人民である〉農民の政治的、経済的利益を追求しようとする急進的な運動だった。ポピュリズムは、農民も共同して活動し、作物の減収にそなえる保険など独自の制度をもうけ、さらには、みずから政党を結成すべきだという考えをもうながしていった。

ポピュリズムをかかげるポピュリストたちは、独占（トラストとも呼ばれていた）と資本主義に反対し、政府には、鉄道運賃と銀行の利子の統制を求めた。鉄道会社や銀行といった民間企業のせいで、農民は大きな利益を出せずにいたからだ。ところが、人種差別問題については、内部で意見が一致していなかった。貧しい農業労働者はみな同じく苦境にあり、人種をこえて団結すべきだと考える者も、黒人、白人を問わず存在していた。一方で、人種問題は経済問題ほど重要ではない、と考える者もいたが、白人ポピュリストの多くは、根強い差別意識の持ち主だった。移民に否定的な者も多く、とりわけ、東ヨーロッパや南ヨーロッパ、アジアからの新しい移民には敵対的だった。

結局、ポピュリズムには、黒人と白人、地方の農民と都市の労働者を団結させることはできなかった。ポピュリスト党という旗をかかげて、公職に立候補する者もいたが、どの都市でも、ポピュリストは勝てる公算の高い民主党と組むことになった。しかし、大半の選挙で勝利したのは、進歩的な考えをもった農民ではなく、駆け引きに慣れた政治屋だった。こうしてポピュリズムは、民主党政治という海原にのみこまれてしまった。

一八九六年の大統領選では、企業と出版界が、共和党候補ウィリアム・マッキンリーを陰から支援した。これは巨額の資金が投じられた最初の選挙戦であり、マッキンリーが勝利して、第二五代大統領となった。多くの政治家と同じくマッキンリーもまた、階級的な怒りをうやむやにしてしまおうと、アメリカ人の愛国心に訴えた。「この国のあらゆる場所に住む人々が、一つの旗、すなわち、輝ける星条旗に身をささげるつもりであることを知り、うれしく思う」こう述べてから彼は、金は愛国心と同じく神聖にして重要である、という独特の持論を披瀝《ひれき》した。つまり、「この国の人々が、国旗の名誉を守ろうとするのと同じ厳粛《げんしゅく》さで、わが国の財政的栄誉を維持しようという思いに触れ、なにより喜ばしい」と続けたのである。

第12章

軍事介入好きな国、アメリカ誕生

〈どんな戦争であれ、わたしはそれを歓迎するつもりだ。この国には戦争が必要だ、と考えるからである。〉一八九七年、友人あての手紙に、のちに大統領となるセオドア・ローズベルトはこうつづった。なぜローズベルトは、アメリカには戦争が必要だと思ったのだろう？

もしかすると戦争は、国民の反抗的なエネルギーのいくらかを、ストライキなどの抗議行動からそらすものなのかもしれない。また、外国という敵が現れれば、国民は軍隊に協力的になるだろう。さらにもう一つ、戦争が必要とされる理由が考えられる。経済的な理由だ。

大統領に選ばれる前に、ウィリアム・マッキンリーはいった。「わが国の余剰《よじょう》生産物のためには、外国の市場が必要である」

一八九七年、インディアナ州の上院議員アルバート・ビバリッジは、はっきりと述べている。〈アメリカの工場は、アメリカ人が使う以上のものを製造し、アメリカの大地は、アメリカ人が消費する以上のものを産出している。われわれのとるべき政策は自明だ。世界の通商は、われわれのものでなければならないし、またそうなるであろう。〉

こうした政治家は、たとえ相手国に買う気がなくとも、その国を開かせて、アメリカでできたものを送りこまなければならない、と考えていた。もしも工場や農場の余剰生産物を海外で売りさばけたら、アメリカの会社は利益をあげつづけ、一八九〇年代のはげしい階級闘争を起こさせる原因となった経済危機をさけられるのではないか、というのだ。

戦争という答えは、支配層のエリートたちが考えに考えたすえの結論ではなかったろう。おそらく資本主義と国家主義という二つの思想から、自然に出てきたはずだ。資本主義というものは、つねにさらなる市場を求めている。そして、国家主義、つまり自分の国に対する強い自負心は、自分たちにはアメリカ合衆国を拡大させ、他国の事情にかかわっていく権利、いや義務がある、とアメリカの人々に思わせたのである。

他国の問題に積極的にかかわる国

アメリカがその触手を海外へのばすのは、目新しいことではなかった。すでに一八四六年のメキシコ戦争では、国土を太平洋まで押しひろげている。それ以前の一八二三年には、第五代大統領ジェームズ・モンローが、〝モンロー主義〟を発表していた。この声明によってアメリカは西半球全域、つまり北アメリカ、中央アメリカ、南アメリカの政治に関心をもっている、ということをはっきりさせた。と同時に、南北アメリカの国々には手出しするな、とヨーロッパ諸国へ警告することにもなったのだ。

そうはいっても、アメリカ自身も他国の事情には口をはさむべきでない、と考えていたわけではなかった。一七九八年から一八九五年までの約一〇〇年間に、アメリカは一〇三回、軍隊を他国へ送ったり、他国の問題に積極的にかかわったりしている。たとえば一八五〇年代には、アメリカ海軍は戦艦を使い、アメリカの船を受け入れよ、と力ずくで日本を開国させた。

一九世紀の終わりには、多くの政治家や軍人、事業家が、さらに積極的に他国に関与していくべきだ、と考えるようになっていた。《ワシントン・ポスト》のある記者はこう書いている。〈われわれには新しい意識、つまり力に対する自覚が芽生えてきたようだ。とともに、あらたな生理的欲求、つまり、その力を誇示したいという思いもまた……。わが国民の口の中には、帝国の味があふれている。〉

キューバ独立という大義を裏切る内政干渉

たとえばある国の国民がその国の政府を倒そうとしていて、国民側に味方することが正義にかなっていると思われる場合、アメリカ人には進んで干渉していく傾向があったのかもしれない。フロリダに近い島キューバも、そんな状況下にあった。キューバは長いあいだ、スペインの植民地だった。しかし、一八九五年、キューバ人は、スペイン支配に反旗をひるがえしたのだ。

キューバ人はアメリカ独立戦争時の入植者と同じく、自由を求めて戦っているのだから、わが国はキューバに味方すべきだ、と考えるアメリカ人もいた。ところがアメリカ政府は、スペインが手を引いた場合、だれがキューバを支配するか、により強い関心をいだいていた。

人種問題も見きわめどころだった。キューバには、黒人と白人が住んでいたからだ。第二二代に続き、第二四代の大統領についたグローバー・クリーブランドが率いるアメリカ政府は、反乱者側のキューバ人が勝つと、〈白人の共和国と黒人の共和国〉が生まれるのではないか、とあやぶんでいた。アメリカ人の母親をもち、のちにイギリス首相となる若き帝国主義者、ウィンストン・チャーチルも同じ考えだった。一八九六年、チャーチルは、たとえスペインのキューバ統治がひどいものであり、反乱者側がキューバ民衆から支持されていたとしても、スペインに支配を続けさせるべきであろう、と雑誌で述べている。もしも反乱側が勝利すれば、キューバは〈二つ目の黒人の共和国〉になる可能性があった。チャーチルは、キューバが第二のハイチになることを警戒していたのだ。ハイチは、黒人が統治する南北アメリカで最初の国で、一八〇四年にフランスから独立していた。

キューバの反乱にアメリカが介入すべきかどうかが議論されていた一八九八年初めに、キューバの首都ハバナ港で爆発が起き、アメリカの戦艦メイン号が沈没した。メイン号は、アメリカがキューバに関心をよせていることのあかしとして、派遣されていたのだ。爆発原因に結びつく証拠はなにもなかったが、メイン号を失ったことで、第二五代大統領マッキンリーと政府は、戦争へ向けて動きだした。アメリカがスペインと戦火をまじえることなく、キューバからスペインを追い出すことはむりだった。あるいは軍隊を送らずに、キューバに軍事的、経済的影響力を及ぼしていくことも、明らかに不可能だったのだ。

一八九八年四月、マッキンリーは連邦議会に宣戦布告を求め、まもなくアメリカ軍がキューバ入りした。こうして、アメリカ・スペイン戦争が勃発《ぼっぱつ》したのだ。

国務長官ジョン・ヘイはのちに、これを〈輝ける小さな戦争〉と呼んだ。スペイン軍は三ヵ月で敗退した。アメリカ兵は五五〇〇人近くが命を落としたが、戦闘で死んだ者はわずか三七九人で、ほかの兵士は病気や別の原因で死亡した。原因の一つは食中毒だった。軍がアメリカ人の食肉加工業者から仕入れた肉が、着色されて腐敗していたのだ。

ところで、スペインに戦いをいどんだキューバ人の反乱者はどうなったのだろうか？　アメリカ軍は、反乱者などいなかったようにふるまった。スペイン軍が降伏しても、キューバ人はだれ一人として、降伏会議に出席することも、協定文書にサインすることも許されなかった。アメリカ合衆国の支配がはじまったのだ。スペイン降伏後も、アメリカ軍はキューバに残った。

まもなくアメリカ資本がこの島へ入り、アメリカ人による鉄道、鉱山、サトウキビ農園の乗っ取りが開始された。

一九〇一年、アメリカはキューバの人々に、自主的にキューバの憲法を作成し、政府をつくるように求めた。また、プラット修正条項と呼ばれるアメリカの法律がその新憲法に組みこまれるまで、アメリカ軍を撤退させないむねも告げた。プラット修正条項とは、アメリカ合衆国は必要なときにはいつでも、キューバの内政に深く関与できるという権利を認めたものだ。将軍レナード・ウッドは、セオドア・ローズベルトにこう説明している。「プラット修正条項のもとでは当然ながら、キューバには独立というものはほとんど、いや、まったくありません」

多くのアメリカ人が、プラット修正条項はキューバ独立という大義を裏切るものだと感じた。急進派《ラディカル》――社会主義者をはじめとする、過激な、あるいは革命的な思想をもった人々――だけでなく、主流派の新聞や市民グループからも、非難がふき出してきた。プラット修正条項に反対するグループの一つに、アメリカ反帝国主義同盟があった。創立者の一人であるハーバード大学の哲学者ウィリアム・ジェームズは、アメリカの帝国主義的拡大路線と、他国への内政干渉を批判した。しかし、キューバ人はほかにとるべき手段もなく、政府の樹立と引きかえに、ついにプラット修正条項を受け入れた。

褐色の肌をした人間を征服するための差別的な戦争

アメリカはキューバを併合しなかったし、アメリカ領の一部にもしなかった。しかし、アメリカ・スペイン戦争は、スペインの支配下にあったほかの領土を併合する道をひらいたのだ。その一つが、キューバの近くにある島プエルトリコだった。またアメリカはすでに、ハワイ諸島をハワイの女王から奪っていたが、アメリカ・スペイン戦争により、太平洋に浮かぶウェーク島、グアム島、さらにはフィリピンという大きな群島も手中にすることになる。

アメリカ国内では、フィリピンを併合すべきかどうか、はげしい議論が闘わされた。大統領マッキンリーが、ホワイトハウスを訪れた牧師団に、フィリピン併合を決断するまでのいきさつを語ったという逸話が残されている。それによると、マッキンリーは導きを求めて神に祈っているとき、啓示を受けたのだという。「フィリピン諸島のすべてを併合し、フィリピンの人々を教育して知的に向上させ、文明化させてキリスト教に改心させるしか、われわれに道はないのだ……。そう確信するとわたしはベッドへもどり、すこやかな眠りについたのです」

ところがフィリピン人は、アメリカの支配に従え、という啓示は受けとらなかった。そのかわり一八九九年二月、彼らは以前スペインに対し何度もそうしたように、アメリカに対して蜂《ほう》起《き》したのだ。

アメリカの政治家と事業家は、帝国の味をよく知るようになっていた。アメリカ合衆国はフィリピンという新領土を支配しつづけるべきだ、という点で、彼らの意見は一致していた。明白なる天命と文明教化には、金もうけの話も混じっていたのだ。「フィリピンは永遠にわれわれのものであります」上院議員ビバリッジは議会で述べた。「そしてフィリピンのすぐ先には、中国という限りない市場がひかえています。わが国には、いずれからも手を引くことはありえないのです」

フィリピン人の抵抗を鎮《しず》めるには、三年を要した。それは過酷な戦いだった。アメリカ軍はキューバへ派兵したときより、さらに多くの兵を失った。フィリピン側の死亡率は、戦闘と病気により、恐ろしく高いものになった。

マッキンリーは、フィリピン側の反抗者がアメリカ軍に攻撃してきて戦いがはじまった、と主張していた。だが、のちにアメリカ兵たちが、最初に発砲したのはアメリカ側だと証言した。アメリカの高名な作家マーク・トウェインは吐き捨てるような調子で、フィリピンでの戦いをこう断じている。

〈われわれは、何千人もの島民を鎮定《ちんてい》し、ほうむり去った。彼らの畑を破壊し、村々を焼き払い、夫を失った女や孤児たちを追い出した。こうして、神の摂理により――これは政府の言い

回しであって、わたしのものではない――われわれは世界の大国となったわけだ。〉
反帝国主義同盟は、フィリピンでの戦いがいかに悲惨《ひさん》で、帝国主義がどれほど邪悪であるかを、アメリカ国民に知らせようとした。そこで、フィリピンで従軍している兵士たちの手紙をまとめて、出版した。そこには、女性や子ども、捕虜《ほりょ》を殺したことがつづられていた。ウィリアム・フルブライトという黒人兵は、フィリピンの首都マニラからこう書き送ってきた。〈この島々での戦闘は、略奪と迫害という、とてつもない陰謀以外のなにものでもありません。〉
キューバでそうだったように、フィリピンでも人種は大問題だった。白人のアメリカ兵のなかには、フィリピン人を劣っているとみなす差別主義者もいた。しかし、フィリピンで戦う黒人のアメリカ兵は、心のうちで葛藤《かっとう》していた。白人兵と同じく、自分も愛国心にあふれた勇敢な兵士であることを示したい、とプライドを優先する者もいたし、軍隊で出世したいと願う者もいた。だが、自分たちは有色人種に対して非道なことをしている、と感じる者も多かった。本国アメリカで、黒人が暴力を受けているのと同じ状況ではないか、という思いがあったのだ。フロリダ州のタンパでは、酔っ払った白人兵たちが、黒人の子どもを射撃練習の的にしたことがきっかけで、人種暴動が起きていた。
こうしてアメリカ国内では、多くの黒人がフィリピンでの戦いに反対するようになった。この戦いは白色人種が、褐色の肌をした人間を征服するための差別的な戦争だ、と考えられるようになったのだ。黒人は、母国アメリカでも不正義と戦っていた。マサチューセッツのある黒人グループは、マッキンリーにメッセージを送り、人種間の不平等をまったく解消しようとしない大統領を非難した。

一九世紀をつうじ、アメリカの黒人は女性、労働者、貧しい者とともに、声をあげて抑圧に抵抗してきた。その結果、多くの者たちが、自分たちをないがしろにする、あまりにも過酷な政治体制や経済構造にいどんでいく術《すべ》を見いだした。二〇世紀に入ると、変革をめざして、彼らは力強く歩を進めていく。

（下巻に続く）

ブックデザイン • 城所潤(ジュン・キドコロ・デザイン)
イラストレーション • 山崎杉夫

学校では教えてくれない
本当のアメリカの歴史(上) 1492〜1901年

2009年8月30日 初版発行
2018年8月30日 8刷発行

著者 ハワード・ジン
編著者 レベッカ・ステフォフ
訳者 鳥見真生
発行者 山浦真一
発行所 あすなろ書房
〒162-0041 東京都新宿区早稲田鶴巻町551-4
電話 03-3203-3350(代表)
印刷所 佐久印刷所
製本所 ナショナル製本

ISBN978-4-7515-2611-8 NDC253
Printed in Japan